뇌 훈련·노화방지에 도움 되는

어른을 위한
한자퍼즐 ②

어르신
레크레이션북
시리즈 15

김진남 엮음

Vitamin Book
헬스케어

뇌 운동으로 뇌를 젊게!

　사람이 나이를 먹어 노화가 진행되면 뇌도 함께 늙어갑니다. 뇌의 인지능력이 떨어져서 새로 배운 것을 기억해 내는 힘은 점점 저하되지만 지혜나 지식, 경험은 나이를 먹을수록 축적됩니다. 오랫동안 지식이나 경험이 계속 쌓이다 보니 삶에서 우러나온 지혜는 오히려 젊은이들보다 뛰어난 경우가 많습니다.

　뇌는 나이와 상관없이 변화하고 발달할 수 있습니다. 그러므로 뇌를 잘 알고 관리하면 노화의 속도를 늦출 수 있으며 기억력도 더 좋아질 수 있습니다. 때때로 생각이 나지 않는 상황과 맞닥뜨릴 때는 나이를 탓하며 포기하지 말고 기억력 향상에 도움을 주는 방법을 찾아 노력해 봅시다.

뇌가 젊어지는 방법

1) 꾸준히 두뇌 활동을 한다 : 손을 사용하여 뇌를 자극하면 좋습니다. 종이접기, 색칠하기, 퍼즐 등을 자주 풀면 뇌의 기능을 향상시킬 수 있습니다.

2) 몸을 움직인다 : 유산소 운동이나 근육 운동을 늘립니다. 근육 운동뿐 아니라 사회활동과 긍정적인 사고를 하는 사람은 치매에 걸릴 확률이 낮아집니다. 걷기, 등산, 수영, 명상 등 운동을 꾸준히 합니다.

3) 식사에 신경을 쓴다 : 뇌를 지키기 위해서는 제때에 규칙적으로 식사하고 생선 · 채소 · 과일 등을 많이 섭취하며 기름진 음식은 자제하도록 합니다. 특히 비만이 되지 않도록 체중 조절에 신경 써야 합니다.

4) 사람들과 적극적으로 교류한다 : 다양한 인간관계를 유지하고 여러 사람과 교류하도록 노력해야 합니다. 봉사활동 등을 통해 좀 더 다양하고 친밀한 사회적 관계를 맺을 수 있습니다. 홀로 집에만 있지 말고 밖으로 나가서 만나도록 합시다.

머리말

   퍼즐은 두뇌 회전은 물론 스트레스 해소용으로도 많이 선호됩니다. 퍼즐을 풀다보면 자신이 느끼지 못하는 사이에 빠른 두뇌 회전과 사물의 접근 방법에 대한 변화를 감지할 수 있게 됩니다.

   이 책은 퍼즐 게임을 통해 한자를 습득하게 했으며 한 번 익힌 한자는 머릿속에 그림처럼 그려지게 되어 쉽게 자기화 시킬 수 있는 것이 큰 장점입니다. 따라서 독자로 하여금 한자를 재미있게 습득할 수 있을 것이라고 확신합니다.

   시중에 발행된 많은 한자 책들 중에서 이 책이 더 흥미로운 것은 오락용 퍼즐을 이용하여 어렵고 딱딱한 한자를 쉽고 빠르게 익힐 수 있도록 만들었다는 점입니다.

   한자가 어렵다는 부담에서 벗어나 즐기면서 한자를 습득할 수 있도록 최대한 노력을 하였습니다.

   아무쪼록 한자 습득에 보탬이 되었으면 합니다.

엮은이

차례

뇌 운동으로 뇌를 젊게 ·· 3

머리말 ·· 4

한자 퍼즐 1 ··· 7

스도쿠 1 ·· 12

미로 찾기 1 ·· 13

한자 퍼즐 11 ··· 14

스도쿠 2 ·· 34

미로 찾기 2 ·· 35

한자 퍼즐 21 ··· 36

스도쿠 3 ·· 56

미로 찾기 3 ·· 57

한자 퍼즐 31 ··· 58

스도쿠 4 ·· 78

미로 찾기 4 ·· 79

한자 퍼즐 41 ··· 80

스도쿠 5 ·· 92

미로 찾기 5 ·· 93

초성 퀴즈 ·· 94

종이접기 ··· 98

색칠하기 ··· 102

정답 ··· 106

재미있게 한자를 익히는 퍼즐 게임

◆ 가로와 세로로 단어가 성립하도록 보기에서 알맞은 한자를 골라 빈칸에 써 넣어보세요.

1		唯	2	造
場				
3			一	
		4 逆		

切 夢 分 一 勝 機 春 心 轉

가로 열쇠 ➡

1. 모든 것은 마음이 만들어낸다.
3. 일년 중 밤과 낮의 길이가 같은 봄날.
4. 지고 있다가 뒤집어 이김.

세로 열쇠 ⬇

1. 인생은 봄날의 꿈처럼 덧없음.
2. 어떤 계기로 마음을 완전히 바꿈.

◆ 1의 설명을 보고 답을 써 보고 나머지는 보기 한자 중에서 골라 답을 유추해 보세요.

1 虚	心		2	
張			柔	
		3		4 路
5	力			

聲 坦 邊 懷 策 勢 散

2

가로 열쇠 ➡

1. 속마음을 솔직히 터놓고 얘기함.
3. 산책하는 길.
5. 여러 요소가 모여 힘을 이루는 것.

세로 열쇠 ⬇

1. 실속은 갖추지 않고 허세만 부림.
2. 강한 측에서 약자나 개인에게 적당히 구슬려 제시하는 조건.
4. 길의 가장자리.

成 爲 汗 世 演 徒 貪 醉 者

3

가로 열쇠 →

1. 하는 일 없이 먹고 놀기만 함.
3. 탐욕스러운 마음.
5. 세상에 좀처럼 나타나지 않을 만큼 뛰어남.
7. 악기를 다루어 곡을 표현하는 사람.

세로 열쇠 ↓

1. 땀 흘리지 않으면 어떤 일도 이루지 못함.
2. 음식에 대한 욕심.
4. 어떤 대상에 깊이 빠진 사람.
6. 무대나 연단에 나타남.

異 人 同 祥 勇

4

가로 열쇠 →

1. 빛을 감추고 티끌과 어울림. 뛰어난 능력을 감추고 세속에 묻혀 삶을 의미.
3. 씩씩하고 강한 기운.
4. 다른 의견.
5. 큰 의미를 가진 일이 처음 나타남.

세로 열쇠 ↓

1. 음양이 화합하여 상서로움을 이룸.
2. 이름은 같으나 다른 사람.

5

漸佳草村鄉循下俗界線

가로 열쇠 →
2. 백성을 잡초에 비유한 말.
3. 그 지방에 들어가면 그곳의 관습을 따른다.
4. 농촌의 작은 마을.
6. 경계가 되는 선.

세로 열쇠 ↓
1. 들어갈수록 점점 더 재미있음. 반어적으로 쓰이는 경우가 많음.
2. 민속 자료를 모아 조성한 마을.
5. 비행기에서 사람이나 짐을 무사히 내리도록 만드는 도구.
7. 열차가 다니도록 만든 길.

6

三歲九賞成狐假

가로 열쇠 →
2. 꼬리가 아홉 달린 여우. 교활한 여자.
4. 봄을 구경하고 즐김.
6. 근거 없는 거짓도 여러 사람이 떠들면 사실처럼 믿게 됨.
7. 흘러가는 시간.

세로 열쇠 ↓
1. 작품을 이해하고 즐김.
3. 남의 권세를 빌려 위세를 부림.
5. 봄이 무르익는 음력 3월.

9

7

가로 열쇠 →

1. 사용한 수돗물에 대해 지불하는 돈.
3. 자금을 융통함.
5. 땅속에서 나는 가연성 기름.
8. 제품의 기능을 분석하여 원가절 감을 꾀하는 경영 기술.

세로 열쇠 ↓

1. 물방울이 바위를 뚫는다. 작지만 꾸준한 노력이 큰일을 성취한다.
2. 금전을 융통하는 일.
4. 일정한 신분이나 능력을 갖춤.
6. 석유의 판매가격.
7. 처리하여 치움.

Grid 7:
- 1水　2金
- 3　4資
- 5石　6　7處
- 8　析

道料滴穿融格油價值分

8

가로 열쇠 →

1. 시작한 일을 잘 마무리함.
3. 사람에게 당연히 주어지는 권리.
4. 뜻하는 바를 이룸.
6. 윗사람이 아랫사람에게 뭔가 하 도록 시킴.
7. 수고하는 일.

세로 열쇠 ↓

1. 뜻이 있으면 결국은 이루어진다.
2. 예쁜 여성은 운명이 불행한 경 우가 많음.
5. 공적과 노력.

Grid 8:
- 1有　之　2
- 志　3　權
- 4成　5　6命
- 7勞

美竟功終人薄令苦

<table>
<tr><td>1</td><td></td><td>不</td><td>2</td><td></td></tr>
<tr><td>口</td><td></td><td></td><td>愾</td><td></td></tr>
<tr><td></td><td></td><td>3 中</td><td></td><td>4</td></tr>
<tr><td>防</td><td></td><td></td><td></td><td>路</td></tr>
<tr><td></td><td>5 直</td><td></td><td></td><td></td></tr>
</table>

樹 衆 敵 難 寡 心 街 央 線

⑨

가로 열쇠 →

1. 우리 편이 적어서 많은 적을 당해낼 수 없음.
3. 도시에서 중심이 되는 거리.
5. 두 점 사이를 최단거리로 이은 선.

세로 열쇠 ↓

1. 여러 사람의 입을 막을 수 없음.
2. 적에 대하여 분노하는 마음.
3. 자동차 도로에서 가운데 경계로 그은 선.
4. 도로를 따라 심은 나무.

<table>
<tr><td>1</td><td>見</td><td>之</td><td>2</td><td></td></tr>
<tr><td>發</td><td></td><td></td><td>3 記</td><td>4</td></tr>
<tr><td>5</td><td></td><td></td><td></td><td>必</td></tr>
<tr><td>人</td><td></td><td>6 施</td><td></td><td></td></tr>
<tr><td></td><td>7 品</td><td></td><td></td><td>正</td></tr>
</table>

明 制 行 方 先 事 歸

⑩

가로 열쇠 →

1. 장래의 일을 미리 예견하는 식견.
3. 사실을 적음.
5. 알맞게 조절함.
7. 품성과 행동이 올바르고 점잖다.

세로 열쇠 ↓

1. 남보다 먼저 착수하면 남을 제압할 수 있다.
2. 확실히 적어둠.
4. 일은 결국 바른 곳으로 돌아가게 마련이다.
6. 어떤 제도의 효력을 실행시킴.

스도쿠 1

 SUDOKU

2		6	9	4	3	7	8	1
3	8	4	7	1	5		6	9
9	1	7	8		6	3	4	5
5	6	1	3	8	7		2	4
4	2	8	1	5	9	6		3
		9	2	6			1	8
6	4	2		3	8	1	9	7
1		5	4	7	2	8	3	6
8	7	3	6	9	1	4	5	

DATE: TIME:

미로 찾기 1

배가 항해를 마치고 등대가 있는 곳으로 갈 수 있도록 가는 길을 안내해 주세요.

가로 열쇠

1. 아주 밝은 세상. (대명천지)

3. 품질이 좋음. 정도가 높음. (고급)

4. 어떤 물질을 이루고 있는 성분 중에서 가장 주가 되는 것. (주성분)

5. 통신 강의록으로 교육을 받는 학생. (교외생)

7. 아들과 딸. (자녀)

9. 몸으로 어떤 감각을 느낌. (체감)

10. 지식에만 치우친 교육이 아니고, 성격 교육·정서 교육 등도 중시하는 교육. (전인교육)

12. 세상에 태어남. (출생)

13. 그날의 맨 처음에 출발 또는 발차(發車)함. (시발)

14. 글씨와 그림. (서화)

15. 전차나 기차의 바퀴가 굴러가는 길. (선로)

세로 열쇠

1. 3개 이상의 단과 대학과 대학원을 가진 종합 대학. (대학교)

2. 땅의 임자. (지주)

3. 유기 화합물 가운데, 1만 이상의 분자량을 가지는 분자. (고분자)

6. 다른 나라의 사람. (외국인)

8. 여자 선생님을 이르는 말. (여선생)

9. 몸을 튼튼히 하거나 운동 능력을 기르는 일. (체육)

10. 온 세계. 모든 나라. (전세계)

11. 학교의 각 교육 과정에 맞게 교재로 사용하기 위해 만든 책. (교과서)

12. 경주할 때, 출발하는 지점으로 그어 놓은 선. (출발선)

🍎 보기에서 한자를 골라 쓰세요.

1			2		3	
			4			
5	6				7	8
			9			
10		11			12	
				13		
		14			15	

보기 🐝

高級 書畫 線路 始發 子女 地主 體感 體育 出生 高分子 教科書 校外生
大學校 女先生 外國人 全世界 主成分 出發線 大明天地 全人教育

가로열쇠

1. 밤낮으로 쉬지 않고 잇따라서. 언제나. 늘. (주야장천)

4. 들어오는 돈과 나가는 돈. (입출금)

6. 기계 장치나 작업환경을 인간의 특성에 맞추어 설계 · 조정하고자 하는 공학. (인간공학)

9. 한자로 쓴 글. (한문)

10. 자기 나라 밖에 있는 시장. (해외시장)

12. 구어로 쓴 글체. (구어체)

14. 가는 곳. (행선지)

세로열쇠

1. 낮. 낮 동안. (주간)

2. 긴 시간. 오랜 시간. (장시간)

3. 특별히 뛰어남. (특출)

4. 공부하기 위해 학교에 들어가 학생이 됨. (입학)

5. 종 · 비석 등에 새겨진 글자. (금석문)

7. 공사를 하는 곳. (공사장)

8. 어느 나라의 주권에도 속하지 않는, 각국이 공통으로 사용할 수 있는 바다. (공해)

9. 한자로 된 낱말. (한자어)

11. 시가 소유하는 토지. (시유지)

12. 대중 집회나 시위 등에서 어떤 요구나 주장을 나타내기 위해 외치는 간결한 문구. (구호)

13. 몸의 무게. 몸무게. (체중)

🍎 보기에서 한자를 골라 쓰세요.

1		2			3	
				4		5
	6		7			
8					9	
10		11				
				12		13
14						

보기 🐝

入學　體重　口號　公海　特出　晝間　漢文　市有地　漢字語　工事場　金石文
長時間　行先地　口語體　入出金　海外市場　人間工學　晝夜長川

가로 열쇠

1. 장점도 있고 단점도 있음. (일장일단)

4. 고마운 뜻에서 주는 물품. (예물)

5. 배·비행기 등에 이름을 붙이면서 베푸는 의식. (명명식)

6. 사람이 살아가면서 겪게 되는 온갖 일들. (인간사)

8. 무엇이 있거나 무슨 일이 벌어지는 곳. (장소)

10. 전반과 후반 둘로 나누어 하는 경기에서 뒤의 경기. (후반전)

12. 숲이 있거나 개간되지 않은 땅. (임야)

14. 그림이나 글씨 따위의 예술품이 살아 움직이는 듯한 느낌. (생동감)

17. 나뭇가지에 꽃처럼 붙은 눈발. (설화)

18. 극히 짧은 시간을 이르는 말. (전광석화)

세로 열쇠

2. 긴 시간. 오랜 시간. (장시간)

3. 짧은 목숨, 또는 목숨이 짧음. (단명)

4. 예식을 하도록 여러 가지 시설을 갖춘 곳. (예식장)

6. 사람이 씨를 뿌리거나 나무를 심어 만든 숲. (인공림)

7. 일이 끝난 뒤. (사후)

9. 어떤 건물이나 기관 등이 있는 곳. (소재지)

11. 전투에서 세운 공로. (전공)

13. 들에 피는 화초. (야생화)

15. 전기가 몸에 통하여 충격을 받는 일. (감전)

16. 무덤 앞에 세우는 푯돌. (표석)

보기에서 한자를 골라 쓰세요.

1	2		3		4	
			5			
6		7			8	9
		10		11		
12	13					
	14		15		16	
17			18			

보기

感電　短命　事後　雪花　禮物　林野　場所　戰功　表石　命名式　生動感　所在地
野生花　禮式場　人間事　人工林　長時間　後半戰　一長一短　電光石火

가로 열쇠

1. 물려받은 재산이 없는 사람이 자기 힘만으로 성공하고 재산을 모음. (자수성가)

3. 높은 온도. (고온)

4. 돈이 나가고 들어옴. (출입금)

5. 스승의 집에 드나들며 가르침을 받는 제자. (문하생)

7. 남에게서 돈을 빌려 쓴 대가로 치르는, 일정한 비율의 돈. (이자)

9. 현재 분화가 진행되고 있는 화산. (활화산)

11. 일반 국민의 생활고. (민생고)

13. 그림을 그리는 종이. (도화지)

15. 농업용수의 수로. (농수로)

16. 얼굴을 대하여 만나 봄. (면회)

세로 열쇠

1. 사람이 출입할 때 자동적으로 열리고 닫히는 문. (자동문)

2. 집에서 뛰쳐나감. (가출)

3. 높은 금리. 비싼 이자. (고금리)

6. 수입이 모자라서 겪는 경제적인 고통. (생활고)

8. 자정 때에 길어서 먹는 물. (자정수)

10. 동양화에서, 자연의 풍경을 그린 그림. (산수화)

12. 생명을 유지하는 데 필요한 물. (생명수)

14. 종이의 겉면을 이르는 말. (지면)

🍎 보기에서 한자를 골라 쓰세요.

1			2		3	
			4			
5		6			7	8
		9		10		
11	12					
			13		14	
15					16	

보기 🐝

紙面 家出 面會 利子 高溫 生命水 山水畵 子正水 生活苦 高金利
自動門 農水路 圖畵紙 民生苦 活火山 門下生 出入金 自手成家

21

15

가로 열쇠

1. 일이 불리하거나 곤란할 때, 달아나는 것을 속되게 이르는 말. (삼십육계)
4. 흑백이 반반 정도 섞인 머리털. (반백)
5. 백만의 두서너 배. (수백만)
6. 출생한 땅. (출생지)
8. 나이가 들어서 늙음. (연로)
10. 학년이 낮은 학생. (하급생)
12. 나라에서 직접 관리하는 중요한 도로. (국도)
13. 자기 것으로 가짐. (소유)
14. 수원(水源)에서 경작지까지 관개용수를 보내기 위한 수로. (용수로)
16. 인류가 살고 있는 땅덩이. (지구)
17. 책 앞뒤 표지 안쪽의 지면. (면지)

세로 열쇠

2. 오래 살아 죽지 않는다는 열 가지. 해, 산, 물, 돌, 구름, 소나무, 거북, 학, 불로초, 사슴. (십장생)
3. 수(數)를 계산함. 계산해서 얻은 값. (계수)
4. 5천 년을 달리 일컫는 말. (반만년)
6. 없었던 것이나 숨겨져 있던 것이 나타나거나 나타나 보임. (출현)
7. 땅 속을 깊숙이 뚫어 사람이나 차들이 다니게 해 놓은 길. (지하도)
9. 늙은이와 병으로 몸이 약한 사람. (노약자)
11. 생명을 유지하는 데 필요한 물. (생명수)
12. 나라가 가지고 있는 토지. (국유지)
15. 길바닥. (노면)

보기에서 한자를 골라 쓰세요.

1	2		3		4	
			5			
6		7			8	9
		10		11		
	12					
13			14		15	
	16				17	

보기

計數　國道　路面　面紙　半白　所有　　年老　地球　出現　國有地　老弱者
半萬年　生命水　數百萬　十長生　用水路　地下道　出生地　下級生　三十六計

가로 열쇠

1. 정신을 잃어 의식이 없음. (인사불성)

4. 논밭에서 나는 곡식이나 채소 따위의 재배 식물. (농작물)

5. 전자적 발진음을 테이프에 녹음하여 그것을 합성해 만든 음악. (전자음악)

7. 예로부터 우리나라에서 발달한 의술. (한방)

8. 목재를 가공하여 가구 · 창문 등을 만드는 곳. (목공소)

10. 예식 때나 예절을 특별히 차릴 때 입는 옷. (예복)

11. 전부터 내려오는 방식. (재래식)

13. 어떠한 장소의 안과 밖. (장내외)

세로 열쇠

1. 사람의 마음. (인심)

2. 불효한 자식. (불효자)

3. 여럿이 힘을 합하여 만듦. (합작)

4. 농부들 사이에 행하여지는 우리 나라 특유의 음악. (농악)

5. 전기 관계의 작업에 종사하는 기능공. (전기공)

6. 소리의 속도. (음속)

7. 우리 나라의 고유한 의복. (한복)

8. 나무로 만든 활자. (목활자)

9. 있는 곳. 있는 지점. (소재지)

10. 예식을 하도록 여러 가지 시설을 갖춘 곳. (예식장)

12. 바다의 밖. 곧, 다른 나라. (해외)

🍎보기에서 한자를 골라 쓰세요.

1		2			3	
				4		
	5		6			
					7	
8		9		10		
		11				12
				13		

가로열쇠

1. 푸른 물과 푸른 산. (녹수청산)

4. 하늘이 정한 운수. (천운)

5. 가는 곳. (행선지)

6. 악보를 적을 수 있도록, 가로로 다섯 줄의 평행선이 그어진 종이. (오선지)

8. 자연물을 사람의 힘으로 바꾸어 놓는 일. (인공)

10. 면회하기 위하여 따로 시설한 방. (면회실)

12. 서양 의술과 제약 방법으로 만든 약. (양약)

14. 무대 위에 나타남. (등장)

15. 같이 있던 사람이 서로 헤어짐. (작별)

17. 입학할 때 학교에 내는 돈. (입학금)

18. 여러 가지 음식을 먹어 보는 것을 즐거움으로 삼는 일. (식도락)

세로열쇠

2. 하늘과 바다가 맞닿아 보이는 선. (수평선)

3. 산에 감. (산행)

4. 만물을 구성하는 하늘과 땅, 그리고 사람을 아울러 일컫는 말. (천지인)

6. 지구상의 다섯 대양. 태평양·대서양·인도양·남빙양(남극해)·북빙양(북극해)을 이르는 말. (오대양)

7. 종이의 겉면. (지면)

9. 공사를 하고 있는 곳. (공사장)

11. 자기의 작품 중에서 마음이 흐뭇하게 잘된 작품. (회심작)

13. 생명체에 일정한 화학적 물질이 들어갔을 때 일어나는 생체 현상의 변화를 연구하는 학문. (약리학)

16. 늘 먹는 음식이 아닌, 색다른 음식. (별식)

🍎 보기에서 한자를 골라 쓰세요.

1	2		3		4	
			5			
6		7			8	9
		10	11			
12	13				14	
			15	16		
17				18		

보기 🐝

登場　別食　山行　洋藥　人工　作別　紙面　天運　工事場　面會室　水平線
食道樂　藥理學　五大洋　五線紙　入學金　天地人　行先地　會心作　綠水靑山

가로열쇠

1. 한 민족의 바른 의기나 바른 기풍. (민족정기)
3. 이미 진리라고 증명된 일반적인 명제. (정리)
4. 힘 · 기량 등이 모자람. (역부족)
5. 고생을 겪게 될 운명. (고생문)
7. 수량이나 도형의 성질에 대하여 연구하는 학문. (수학)
8. 빗물이나 쓰고 버린 더러운 물이 흘러가게 만든 도랑. (하수도)
10. 새로 입학한 학생. (신입생)
12. 추첨이나 상대자의 기권으로 경기를 하지 않고 이김. (부전승)
14. 같은 목적으로 여럿이 모임. (회동)
15. 높은 금리. 비싼 이자. (고금리)
16. 색채의 감각. 빛깔에서 받는 느낌. (색감)

세로열쇠

1. 일반 국민의 생활고. (민생고)
2. 정신과 육체의 힘. (기력)
3. 의사 결정에 필요한 구성원의 수. (정족수)
6. 스승의 집에 드나들며 가르침을 받는 제자. (문하생)
9. 사람마다 닦는 도가 서로 같지 않음. (도부동)
11. 입학할 때 학교에 내는 돈. (입학금)
13. 승리한 데서 오는 우월감 또는 기쁨. (승리감)

🍎 보기에서 한자를 골라 쓰세요.

1			2		3	
			4			
5		6			7	
		8		9		
10	11			12		13
			14			
15					16	

보기 🐝

氣力　色感　會同　數學　定理　勝利感　入學金　道不同　門下生　定足數
民生苦　高金利　不戰勝　新入生　下水道　苦生門　力不足　民族正氣

19

가로 열쇠

1. 식용 이외의 특수 용도에 쓰이는 농작물. (특용작물)

3. 행복하지 아니함. (불행)

4. 이야기 · 연극 · 영화 따위에서 중심이 되는 사람. (주인공)

5. 인류 문화에 관해 중심적으로 연구하는 학문. (인문학)

7. 넓게 펼쳐진 들. (평야)

9. 교정쇄를 한 종이. (교정지)

10. 일반 은행의 직무상 최고 책임자. (은행장)

12. 씨에 붙은 하얀 솜은 실이나 옷감의 원료로 쓰임. (목화)

13. 전기 관계의 작업에 종사하는 기능공. (전기공)

14. 어떤 종교를 믿는 사람. (신자)

15. 자기 것으로 가짐. (소유)

세로 열쇠

1. 특별히 지정한 사람. (특정인)

2. 장사 따위에서 밑천을 대는 사람. (물주)

3. 공정하지 않음. (불공평)

6. 학교의 교육과 행정을 책임지는 학교의 대표자. (학교장)

8. 들에 절로 피는 화초. (야생화)

11. 간 곳이 분명하지 않은 사람. (행불자)

12. 목재를 가공하여 가구 · 창문 등을 만드는 곳. (목공소)

13. 전화기를 이용하여 말을 주고받음. (전화)

🍎 보기에서 한자를 골라 쓰세요.

1			2		3	
			4			
5		6			7	8
		9				
10	11				12	
			13			
14					15	

보기 🐝

木花 物主 不幸 所有 信者 電話 平野 校正紙 木工所 不公平 野生花
銀行長 人文學 電氣工 主人公 特定人 學校長 行不者 特用作物

20

가로 열쇠

1. 같은 시기나 때에 많이 일어남. (동시다발)

3. 어떤 일에 책임자가 되어 행동함. (주동)

4. 탄소 동화 작용의 한 형식. (광합성)

5. 정치 · 경제 · 사회 · 역사 · 철학 · 문학 등 널리 인류 문화에 관한 학문 분야. (인문학)

7. 가려서 알아냄. (분별)

9. 현대적인 과학 병기를 사용하는 전쟁. (과학전)

11. 긴 문장에서 문장의 내용에 따라 군데군데 붙이는 작은 제목. (소제목)

12. 관공서 등에 마련되어 있는 취재 기자들의 대기실. (기자실)

14. 관리나 군인이 아닌 보통 사람. (민간인)

15. 물건의 안쪽. (내면)

세로 열쇠

1. 아내와 함께 동행함. (동부인)

2. 빛을 냄. (발광)

3. 어떤 물질을 이루고 있는 성분 가운데서 가장 주가 되는 것. (주성분)

6. 학교에서 학습하는 개개의 학과. (학과목)

8. 지구 밖의 다른 상상의 세상. (별천지)

10. 전사한 사람. (전사자)

11. 자본가와 노동자의 중간 계급에 속하는 사람. (소시민)

13. 방이나 건물의 안. (실내)

🍎 보기에서 한자를 골라 쓰세요.

1			2		3	
			4			
5		6			7	8
		9		10		
11						
		12		13		
14				15		

보기 🐝

室內　發光　內面　分別　主動　小市民　戰死者　別天地　學科目　主成分
同夫人　民間人　記者室　小題目　科學戰　人文學　光合成　同時多發

스도쿠 2

 SUDOKU

5	2	4	8		1	9	7	
3		1	2	7	5	6		8
7	6	8		3	9	2	5	1
6	4	9	3		7	1	2	5
2	3	5		9	6		8	7
	1	7	5	4	2	3	6	9
	5		7	1	3	8	9	6
9	8	3	6		4	7		2
1	7	6	9	2	8	5	3	4

DATE: TIME:

34

미로 찾기 2

고양이가 장난감과 간식이 있는 곳으로 가려고 해요. 가는 길을 안내해 주세요.

가로 열쇠

1. 쏘기만 하면 어김없이 맞음.

4. 못 쓰게 된 종이.

5. 상대국의 군대나 국민의 전의를 저하시키는 것.

6. 육체의 아름다움.

8. 선의 위.

10. 생활 가운데서 먹는 것에 관한 분야.

12. 농사를 크게 짓는 집.

14. 경기 민요 선소리의 하나. 세마치장단에 맞추어 부르는 삼박자의 흥겨운 노래.

16. 군대의 사기를 북돋우기 위해 부르는 노래.

17. 남을 속이기 위한 꾀.

세로 열쇠

2. 제 몸에서 빛을 내는 물체.

3. 한가운데.

4. 휴전 협정에 따라 이루어진, 남한과 북한과의 군사 경계선.

7. 음식에 대해 특별한 기호를 가진 사람.

9. 썩 좋은 팔자.

11. 현재 분화가 진행되고 있는 화산.

13. 농부가 부르는, 농사일이나 농촌 생활을 내용으로 한 노래.

14. 햇볕이 바로 드는 곳.

15. 도가(道家)나 도사(道士)의 조화를 부리는 술법.

🍎 보기에서 한자를 골라 쓰세요.

1	2 發		3 中		4	紙
			5	理		
6	體	7 美			8 線	9
		10 生	11			字
12 大	13			火		字
	夫		14		15 道	
16			地		17	數

보기

軍歌　道術　線上　術數　陽地　中心　休紙　農夫歌　大農家　美食家　發光體
上八字　食生活　心理戰　陽山道　肉體美　休戰線　活火山　百發百中

가로 열쇠

1. 가정에서 집안 어른들의 일상생활을 통해 자녀가 받는 영향과 교화.

3. 어린이에게 한문을 가르치던 개인이 세운 마을의 글방.

4. 성년이 되었을 때 하는 의식.

6. 긴 시간. 오랜 시간.

9. 장기나 바둑에서, 수가 약한 쪽이 먼저 두는 일.

11. 생물이 나타내는 생명 현상을 연구 대상으로 하는 자연 과학의 한 분야.

13. 통신 강의록으로 교육을 받는 학생.

16. 배 · 비행기 등에 이름을 붙이는 의식.

세로 열쇠

1. 가족에 대해서 절대적 권력을 가진 사람.

2. 길러 냄. 길러서 키움.

3. 증서 · 원서 · 신고서 따위와 같은 서류를 쓰는 일정한 방식.

5. 나이가 어린 사람.

7. 시사에 관한 기사물.

8. 부주의로 잘못을 저지름. 또는 그 잘못.

10. 물건 값이나 품삯 따위의 일부 또는 전부를 미리 치르는 돈.

11. 사회 생활을 해 나가는 능력, 특히 경제적 능력.

12. 학교의 교육과 행정을 책임지는 학교의 대표자.

14. 살아 있기 위한 힘의 바탕이 되는 것.

15. 사물이 겉으로 나타나 보이는 모양. 겉모습.

 보기에서 한자를 골라 쓰세요.

1		敎	2		3 書	
父			4	5 年		
6	7	界		少		8 失
			9 弱		10 先	
11	物	12				
活		13 校	外	14		15 形
		長		16 命		

보기

形式 生命 先金 失手 書式 育成 書堂 學校長 生活力 時事物 年少者
家父長 命名式 校外生 生物學 長時間 成年式 弱者先手 家庭敎育

가로열쇠

1. 남녀 사이에는 분별이 있어야 함을 이르는 말.

4. 서로 화합하지 못함.

5. 표현의 아름다움.

7. 남의 밑에서 졸개 노릇을 하는 사람.

10. 집을 짓거나 다리를 놓거나 둑을 쌓는 등에 관한 일.

12. 한 갈래의 핏줄을 받아온, 할아버지 이상의 대대의 어른.

13. 개인의 사회적 지위.

15. 통일 신라 말기 국토의 분열로 생긴 삼국.

17. 본채의 곁이나 뒤에 따로 지은 집.

19. 바람의 세기.

20. 모양과 종류가 다른 여러 가지.

세로열쇠

2. 여자 가수.

3. 따로 붙인 표시나 도표.

4. 아름답지 못하고 추잡함.

6. 현재 가지고 있는 돈.

7. 신체 중에서 허리부터 아래의 부분.

8. 자연물을 사람의 힘으로 바꾸어 놓는 일.

9. 바다의 위.

11. 일이 끝난 뒤.

12. 자기의 조상 때부터 살아 온 나라.

14. 세상 물정에 대하여 옳고 그른 것을 판단하는 능력.

16. 세 개의 직선이 세모를 이룬 형상.

18. 보통의 것과는 다른 특별한 점.

🍎 보기에서 한자를 골라 쓰세요.

1 男	2	有	3		4	和
			5 表	6		
7	手	8				9 海
		10 工	11		12	
13 身	14		15 後	16	國	
	17	堂				18
19 風			20 形		色	

보기 🐝

工事 別堂 別表 不美 不和 事後 身分 人工 祖國 祖上 特色 風力 海上 現金
分別力 三角形 女歌手 表現美 下半身 下手人 後三國 男女有別 形形色色

가로열쇠

1. 산야에서 자연 그대로 자라는 동물.

4. 이롭지 못함. 해로움.

5. 체온을 재는 데 쓰이는 온도계.

6. 위치 · 넓이 · 길이 · 두께를 가지고 있는 입체적인 물건의 느낌.

8. 공산주의 세력을 무찔러 이겨 냄.

10. 탄소 동화 작용의 한 형식.

12. 그림을 그리는 종이.

13. 예식을 하도록 여러 가지 시설을 갖춘 곳.

15. 방 안이나 작은 집회실에서 연주하기에 알맞은 음악.

16. 집 밖으로 잠시 나감.

세로열쇠

2. 목숨(생명)이 있는 물체.

3. 물질이 모여서 일정한 모양을 이루고 있는 것.

4. 바둑에서, 불계로 이김.

7. 감광제를 바른 종이.

9. 주권이 국민에게 있는 나라.

11. 성년이 되었을 때 하는 의식.

12. 많은 책을 모아 두고 여러 사람이 읽을 수 있게 꾸며 놓은 방.

14. 어떠한 곳의 바깥.

🍎 보기에서 한자를 골라 쓰세요.

1	2		3 物		4 不	
	命		5	溫		
6 立		7 感			8	9 共
		10	合	11		
12	畫					國
			13	式	14	
15 室		樂			16 外	

보기 🐝

場外 物體 外出 勝共 不利 圖書室 成年式 共和國 感光紙 不計勝
生命體 室內樂 禮式場 圖畫紙 光合成 立體感 體溫計 野生動物

가로열쇠

1. 국가 또는 공공단체의 소유로 공공의 이익에 제공되는 수면.
4. 농촌에서 명절이나 공동 작업 등을 할 때 연주하는 민속 음악.
5. 자기의 작품 중에서 마음이 흐뭇하도록 잘된 작품.
6. 짧은 시일.
8. 장사 따위에서 밑천을 대는 사람.
10. 기합을 응용하여 행하는, 보통 이상의 능력을 발휘하는 정신적 술법.
12. 지구 표면의 일부나 전부를 축척에 의하여 평면상에 나타낸 그림.
13. 대수표나 함수표 등과 같이 수치를 찾기 쉽게 배열한 표.
15. 바로 이때. 지금.
17. 과거와 미래를 잇는 시간의 한 경계.
18. 성안의 물이 흘러 나가는 수구에 있는 문.

세로열쇠

2. 긴급한 일이 일어났을 때.
3. 직접 얼굴을 대하여 만남.
4. 논밭에서 나는 곡식이나 채소 따위의 재배 식물.
6. 짤막하게 전하는 뉴스.
7. 어떤 지역의 기압 · 날씨 · 바람 등을 숫자나 기호 따위로 나타낸 그림.
9. 주요한 제목. 중심이 되는 문제.
11. 남을 속이기 위한 꾀.
12. 땅 속에 스며들어 괴어 있거나 흐르는 물.
14. 표현하는 능력.
16. 큰 문. 집의 정문.

🍎 보기에서 한자를 골라 쓰세요.

	²有		³面		⁴農	
			⁵	心		
⁶	時	⁷			⁸物	⁹
		¹⁰	合	¹¹		題
	¹²	圖		¹³	¹⁴表	
¹⁵目			¹⁶		¹⁷	在
	¹⁸	口				

보기 🐝

農樂 短信 大門 面會 目下 物主 數表 術數 主題 地圖 現在 氣合術
農作物 短時日 水口門 有事時 日氣圖 地下水 表現力 會心作 公有水面

가로 열쇠

1. 우리나라의 이름.

4. 중심이 되어 주요한 역할을 하는 세력.

5. 뒷날의 증인으로 삼기 위해 어떤 사실이 발생·존재하는 곳에 입회하는 사람.

6. 신학을 가르쳐 교역자를 길러 내는 것을 목적으로 하는 학교.

8. 국가나 공공 단체 소유의 돈.

10. 여러 가지 음식을 먹어 보는 것을 즐거움으로 삼는 일.

11. 등산을 잘하거나 즐기는 사람.

13. 한자로 쓴 글.

14. 나무로 만든 활자.

15. 그림을 그리는 종이.

16. 언어를 연구하는 학문.

세로 열쇠

2. 한국에서 고대로부터 발달해 내려온 전통 의학.

3. 나라에 의해서 설립·관리되고 있는 것.

4. 이야기·연극·영화 따위에서 중심이 되는 사람.

7. 음식을 남달리 많이 먹는 사람.

9. 종·비석 등에 새겨진 글자.

12. 동양화에서, 자연의 풍경을 그린 그림.

13. 한자로 된 낱말.

🍎 보기에서 한자를 골라 쓰세요.

1	2		3 國		4	力
			5	會		
6	學	7			8	9 金
		10 食		樂		
11	12 山				13 漢	
		14 木				
15		紙			16	學

보기 🐝

國立　語學　漢文　公金　主力　漢字語　山水畫　金石文　大食家　主人公
韓醫學　圖畫紙　木活字　登山家　食道樂　神學大　立會人　大韓民國

가로열쇠

1. 먼 장래를 내다보고 세우는 계획.

4. 아득한 옛날.

5. 백만의 두서너 배.

6. 관공서 등에 마련되어 있는 취재 기자들의 대기실.

8. 지적도에서, 번호를 매겨서 조각조각 갈라 놓은 땅. 또는 그 번호.

10. 야구에서, 내야를 맡아 지키는 선수.

12. 어느 개인의 시문(詩文)을 한데 모아서 엮은 책.

14. 농사를 짓고 사는 사람들이 모여 사는 마을.

15. 무엇이 있거나 무슨 일이 벌어지거나 하는 곳.

17. 어떤 물질을 이루고 있는 성분 가운데서 가장 주가 되는 것.

18. 용적에 비하여 무게가 큰 물건을 만드는 공업.

세로열쇠

2. 나이가 어린 사람.

3. 수(數)를 계산함. 계산해서 얻은 값.

4. 수없이 여러 번.

6. 보고 들은 사실을 객관적으로 그대로 적은 글.

7. 방이나 건물의 안.

9. 지구를 하나의 마을로 비유하여 이르는 말.

11. 야구 경기를 하는 운동장.

13. 여럿을 모아 하나의 정리된 것으로 완성함.

16. 매우 귀중함.

🍎 보기에서 한자를 골라 쓰세요.

1 百	2		3 計		4	
			5		萬	
6 記		7			8	9 地
		10	11	手		
12	13 集		球		14	村
			15	16		
17 成				18 重		

가로열쇠

1. 남자와 여자, 늙은이와 젊은이. 곧, 모든 사람.

4. 들 근처의 나지막한 산.

5. 여자 선생님을 이르는 말.

6. 죽지 않고 오래 산다는 열 가지.

8. 꽃이 피는 풀과 나무, 또는 꽃밭이나 화분에 심는 관상용 풀과 나무.

9. 동물과 식물.

11. 불안한 느낌.

13. 이야기 · 연극 · 영화 따위에서 중심이 되는 사람.

16. 죽을 고비를 여러 차례 겪고 겨우 살아남.

17. 용모가 아름다운 여자.

세로열쇠

2. 여자로서 회사 사장 지위에 있는 사람.

3. 아주 나이 어리지도 않고 성숙하지도 않은 여자 아이.

4. 들에 절로 피는 화초.

7. 생동하는 것과 같은 느낌.

10. 장사 따위에서 밑천을 대는 사람.

12. 살아날 가망이 없는 병자의 고통을 덜어 주기 위하여 인위적으로 죽음에 이르게 하는 일.

14. 사람의 힘으로 만들어진 아름다움.

15. 자기보다 어린 형제. 아우나 손아랫누이.

보기에서 한자를 골라 쓰세요.

1 男	2	老	3		4 野	
			5 先			
6 長		7			8 草	
		9 植		10		
11	12 感			13	14 公	
		15			工	
16 九		一			17	

보기

同生 物主 少女 美人 花草 野山 人工美 安樂死 野生花 生動感
女社長 主人公 不安感 動植物 十長生 女先生 九死一生 男女老少

가로열쇠

1. 맑은 바람과 밝은 달을 가리키는 말.

4. 어버이를 잘 섬김.

5. 광전 효과에 의하여 방출되는 전자.

6. 바둑에서, 불계로 이김.

8. 성과 본이 같은 가까운 집안.

10. 이용하는 정도를 이르는 말.

12. 벼슬이 없는 보통 사람.

14. 학교에서 수업과 업무를 한동안 쉼.

15. 길바닥.

17. 이야기 · 연극 · 영화 따위에서 중심이 되는 사람.

18. 긴 시간. 오랜 시간.

세로열쇠

2. 풍속을 측정하는 기계.

3. 달빛을 이르는 말.

4. 효자를 표창하고 널리 본을 보이기 위하여 세운 정문.

6. 공평하지 아니함.

7. 겨루거나 싸워서 이김.

9. 초등학교 교육을 마친 학생에게 중등 보통 교육을 실시하는 학교.

11. 수원(水源)에서 경작지까지 관개용수를 보내기 위한 수로.

13. 관리나 군인이 아닌 보통 사람.

16. 면의 행정을 주관하는 책임자.

보기에서 한자를 골라 쓰세요.

1 清	2		3 月		4 孝	
			5			
6	計	7			8 門	9
		10 利	11	度		
12	13 民			14		
			15	16 面		
17	人			18		間

路面　面長　門中　勝利　月光　平民　孝道　休校　光電子　民間人　不計勝
不公平　用水路　利用度　長時間　主人公　中學校　風力計　孝子門　淸風明月

가로열쇠

1. 천리 길도 멀다고 여기지 않는다는 뜻.

4. 여러 사람의 마음이 서로 화합함.

5. 긴 시간. 오랜 시간.

6. 전동 · 동력 따위에 사용되는 전력을 측정하는 기계.

8. 사물의 이치. 일의 도리를 이르는 말.

10. 백만의 두서너 배.

12. 공업에 관한 학문과 기술을 전문으로 가르치는 실업 고등학교.

14. 많은 사람이 일정한 때에 일정한 자리에 모임.

15. 볏짚이나 밀짚 · 갈대 따위를 엮어 지붕을 만든 집.

17. 빚을 얻을 때 본전에서 미리 떼어 내는 이자.

18. 경주할 때, 출발하는 지점으로 그어 놓은 선.

세로열쇠

2. 원의 중심에서 멀어지려는 방향으로 작용하는 힘.

3. 행정 구역의 하나인 이(里)의 사무를 맡아보는 사람.

4. 사람이 살아가면서 겪게 되는 온갖 일들.

6. 전기 관계의 작업에 종사하는 기능공.

7. 수(數)를 계산함. 계산해서 얻은 값.

9. 회사의 업무 집행에 관한 의사를 결정하는 기관.

11. 선인장을 달리 이르는 말.

13. 높은 금리.

16. 자기 집을 뛰쳐나감.

보기에서 한자를 골라 쓰세요.

1	2 遠	千	3		4	和
			5	時		
6 電		7			8	9 理
		10 數	11			
12	13				14	
			15 草	16		
17	利			18	發	

보기

家出 計數 工高 事理 里長 人和 集會 草家 高金利 百年草 先利子
數百萬 遠心力 理事會 人間事 長時間 電氣工 電力計 出發線 不遠千里

스도쿠3

 SUDOKU

7	2			1	4	6	3	5
9	4	5	2	3		8	7	1
3	6	1	8	7	5	2	4	
6	7	9	4	5	2		8	3
4	1		7	9	8	5	2	6
	5	2	3			7	9	4
5	8	7	6		3	9	1	2
1		4	5	2	7	3		8
2	3	6	1	8	9		5	7

DATE:

TIME:

56

미로 찾기 3

다람쥐가 도토리와 딸기를 먹을 수 있게 가는 길을 안내해 주세요.

가로 열쇠

1. 단순한 기술과 기구를 써서 집 안에서 하는 소규모 생산 공업.

4. 한 곳으로 모임. 또는 모이게 함.

5. 몸무게를 재는 저울.

7. 남의 밑에서 졸개 노릇을 하는 사람.

10. 금빛이 나는 글자.

11. 시사에 관한 기사(記事)거리.

13. 회사의 업무 집행에 관한 의사를 결정하는 기관.

15. 일정한 지점의 사이.

16. 같은 느낌.

세로 열쇠

2. 야구에서, 내야를 맡아 지키는 선수.

3. 사업이나 기업의 주체(主體).

4. 모아서 합계함.

6. 무게가 천금과 같다는 뜻으로, 가치가 매우 귀하다는 말.

7. 공부를 끝내고 학교에서 집으로 돌아옴.

8. 사람이 살아가면서 겪게 되는 온갖 일들.

9. 한자로 된 낱말.

11. 시간과 공간을 이르는 말.

12. 물질의 물리적 성질과 현상·구조 따위를 연구하며 그 사이의 관계 법칙을 밝히는 학문.

14. 같은 목적으로 여럿이 모임.

🍎 보기에서 한자를 골라 쓰세요.

1	2		3		4	
		5	6			
7	8				9	
			10			
11		12				
		13		14		
15				16		

가로열쇠

1. 아버지와 어머니와 형제를 이르는 말.

4. 시각 · 청각 · 후각 · 미각 · 촉각의 다섯 감각.

5. 지구상에서, 남극에서 북극을 지나가는 가장 짧은 선.

6. 언어의 본질 · 기능 · 상태 · 변화 등을 과학적으로 연구하는 학문.

8. 종이의 총칭.

9. 통신 강의록으로 교육을 받는 학생.

11. 시 행정의 집행 · 직원의 감독을 맡아 하는 시의 책임자.

12. 화산 활동이 완전히 끝난 화산.

14. 두 사람 이상이 한 물건을 공동으로 소유함.

16. 어떤 지방의 특별한 자연이나 인정 · 풍속 등 그 지방의 특색.

17. 세간이나 그 밖의 물건들을 넣어 두는 방.

세로열쇠

2. 자기 나라의 말.

3. 스승의 가르침을 받는 사람.

4. 악보를 적을 수 있도록, 가로로 다섯 줄의 평행선이 그어진 종이.

6. 말로써 의사를 분명히 나타내는 것.

7. 학교의 교육과 행정을 책임지는 학교의 대표자.

10. 사는 일과 죽는 일. 삶과 죽음.

11. 시가 소유하는 토지.

13. 화약을 저장하는 창고.

15. 얼굴에 나타난 마음의 움직임.

🍎 보기에서 한자를 골라 쓰세요.

1	2		3		4	
			5			
6		7			8	
		9		10		
	11			12	13	
14			15			
	16				17	

보기 🐝

五感　紙物　市長　共有　庫房　弟子　言明　生死　氣色　子吾線　言語學
校外生　死火山　地方色　母國語　五線紙　學校長　市有地　火藥庫　父母兄弟

33

가로열쇠

1. 불교에서, 믿음으로 마음의 평화를 얻어, 하찮은 일에 마음이 흔들리지 않는 경지를 이르는 말.

4. 공과 같이 생긴 둥근 전등.

5. 어느 기간 동안 사용하여 조금 낡은 자동차.

7. 건축물 등의 도면이나 도안을 전문으로 하는 기술자.

10. 서화에 능한 사람. 또는 그것을 업으로 하는 사람.

11. 현장에 있는 것 같은 느낌.

13. 어떤 일을 서로 번갈아 대신 함.

14. 동물에 관해 연구하는 자연 과학의 한 분야.

16. 세상 사람들의 좋은 평판.

17. 학교를 대표하는 깃발.

세로열쇠

2. 심장의 수축에 따르는 활동 전류를 곡선으로 기록한 도면.

3. 겨냥한 곳에 바로 맞음.

4. 전기의 힘으로 철로 위를 달리는 차.

6. 옛날의 문서.

7. 인쇄물 등을 실로 매거나 풀로 붙이고 표지를 씌워 책으로 만듦.

8. 공사를 하는 곳.

9. 영리 목적이 아니고 자기 집의 필요에 전용하는 것.

11. 현대에 살고 있는 사람.

12. 깊이 느끼어 마음이 움직임.

15. 여러 가지 시설을 갖추어 놓고 일정 기간 동안 학생을 가르치는 곳.

🍎보기에서 한자를 골라 쓰세요.

1	2		3		4	
			5	6		
7		8				9
				10		
	11		12			
13			14		15	
	16				17	

보기 🐝

電球 交代 人氣 校旗 命中 電車 製本 感動 學校 中古車 製圖工
書畫家 現場感 動物學 心電圖 古文書 工事場 自家用 現代人 安心立命

34

가로열쇠

1. 맑게 갠 대낮을 이르는 말.

4. 피부를 바늘로 찔러 먹물이나 물감으로 글씨 · 그림 · 무늬를 새김.

5. 기호의 꼴 · 내용 · 씀씀이 등을 체계적으로 연구하는 학문.

6. 세 가지 빛깔로 된 기.

8. 집에서 뛰쳐나감.

10. 일손이 부족함.

12. 사물의 모양과 바탕.

14. 여럿이 힘을 합하여 만듦.

15. 바둑에서, 불계로 이김.

16. 언어의 본질 · 기능 · 상태 · 변화 등을 과학적으로 연구하는 학문.

세로열쇠

2. 물체가 가지고 있는 자연 그대로의 빛깔.

3. 날마다 생긴 일 · 느낌 등을 적은 개인의 기록.

4. 문학을 창작하고 연구하는 사람.

6. 세 개의 변으로 이루어진 다각형.

7. 군대나 단체 따위의 행진에서 앞에서 기를 가지고 신호를 하는 사람.

9. 예술적으로 인정 받거나 명성을 얻게 한 작품.

11. 자유롭지 못함.

13. 체온을 재는 데 쓰이는 온도계.

14. 둘 이상의 실질 형태소가 결합하여 하나의 단어가 된 말.

🍎보기에서 한자를 골라 쓰세요.

1	2		3		4	
			5			
6		7			8	9
		10	11			
12	13				14	
15				16		

보기 🐝

文身　家出　形體　合作　日記　旗手　記號學　三色旗　手不足　不計勝　言語學
天然色　文學家　三角形　出世作　不自由　體溫計　合成語　青天白日

가로 열쇠

1. 글만 읽고 세상일에 경험이 없는 사람을 이르는 말.

4. 마음에 새겨 두어 조심함.

5. 식용으로 쓰는 기름.

6. 주로 중년 이후에 발병하는 병의 총칭.

8. 매우 귀중함.

10. 경제력이나 군사력 따위가 약하고 작은 나라.

12. 과학을 연구하는 사람.

14. 금빛이 나는 글자.

16. 백지 상태로 돌림. 없었던 것으로 함.

17. 수량이나 도형의 성질에 대하여 연구하는 학문.

세로 열쇠

2. 조선시대에 여러 고을과 면 사이를 오가며 심부름하던 사람.

3. 음식을 익히지 않고 날로 먹는 일.

4. 휘발유 등을 자동차에 주입하는 곳.

7. 질병으로 몸이 약한 사람.

9. 용적에 비하여 무게가 큰 물건을 만드는 공업.

11. 한글에 한자가 섞인 글.

13. 정기적으로 가정으로 배달되는 학습 문제지.

15. 글자의 수.

보기에서 한자를 골라 쓰세요.

1	2		3		4	
			5			
6		7			8	9
		10		11		
12	13					
			14		15	
16					17	

보기

注意 所重 數學 字數 生食 食用油 國漢文 病弱者 成人病 注油所
重工業 弱小國 科學者 金文字 白紙化 學習紙 面主人 白面書生

36

가로 열쇠

1. 세상에서 일어나는 온갖 일.

4. 분량이나 정도의 많음과 적음.

5. 전방과 후방.

6. 최재우를 교주로 하는 동학을, 1905년에 손병희가 발전시켜 개칭한 종교.

8. 얼굴을 대하여 만나 봄.

10. 현대적인 과학 병기로 싸우는 전쟁.

12. 공무원이 직무상 작성하는 문서. 또는 공무에 관한 서류.

14. 관공서 등에 마련되어 있는 취재 기자들의 대기실.

16. 무덤 앞에 세우는 푯돌.

17. 겉옷 속에 껴입는 옷.

세로 열쇠

2. 먹는 물이나 공업에 쓰이는 물을 대어 주는 설비.

3. 일이 일어나거나 일을 시작하기 전.

4. 여러 방면을 이르는 말.

7. 학교의 각 교육 과정에 맞도록 여러 자료를 수집하고 정리하여 교재로 사용하는 책.

9. 자기의 작품 중에서 마음이 흐뭇하도록 잘된 작품.

11. 전사한 사람.

13. 능묘 앞에 세우는 문신 형상으로 된 돌.

14. 어떤 내용을 적어 넣음.

15. 방이나 건물의 안.

🍎 보기에서 한자를 골라 쓰세요.

1	2		3		4	
			5			
6		7			8	9
		10		11		
12	13					
			14		15	
16					17	

보기 🐝

面會 表石 多少 內服 室內 事前 記入 戰死者 多方面 天道敎
文人石 前後方 科學戰 會心作 公文書 上水道 敎科書 記者室 世上萬事

37

가로 열쇠

1. 세상에서 견줄 만한 것이 없다는 말.

4. 자신의 언행이나 생각에 대하여 그 잘못이나 옳고 그름 따위를 스스로 돌이켜 생각함.

5. 생동하는 것과 같은 느낌.

7. 최재우를 교조로 하는 동학을, 1905년에 손병희가 발전시켜 개칭한 종교.

10. 학교에서 학습하는 개개의 학과.

11. 가족이 많음.

13. 남을 대신하여 일을 처리함.

14. 대단히 많은 수. 거의 모두.

16. 아주 안전함을 이르는 말.

세로 열쇠

2. 빗물이나 쓰고 버린 더러운 물이 흘러가게 만든 설비.

3. 살아 있는 동안. 태어나서 죽을 때까지.

4. 반발하는 마음. 불쾌하게 생각하여 반항하는 감정.

6. 동물에 관해 연구하는 자연 과학의 한 분야.

7. 하늘이 정한 운수.

8. 교육에 종사하는 사람.

9. 종목에 따라 각각 다른 구별.

11. 석회암이 고열과 강압으로 변질된 돌로, 건축·조각·장식용으로 쓰이는 돌.

12. 할아버지뻘 되는 같은 성(姓)의 먼 일가붙이.

15. 만의 두서너 배가되는 수.

🍎보기에서 한자를 골라 쓰세요.

1	2		3		4	
			5	6		
7		8				9
				10		
	11		12			
13			14		15	
					16	

보기 🐝

反省 代理 一生 反感 天運 數萬 萬全 種目別 大理石 族大父 教育家
生動感 大多數 動物學 下水道 大家族 天道教 學科目 天下第一

38

가로 열쇠

1. 나이가 열여섯 살 가량 된 젊은이.
4. 반쯤 열리거나 벌어짐. 또는 반쯤 열거나 벌림.
5. 기후 · 지질로 인해 생기는 그 지역 특유의 병.
6. 들어오는 돈과 나가는 돈.
8. 사람의 몸.
10. 바위틈에서 나는 샘물.
12. 한글에 한자가 섞인 글.
14. 악보를 적을 수 있도록, 가로로 다섯 줄의 평행선이 그어진 종이.
16. 언어의 본질 · 기능 · 상태 · 변화 등을 과학적으로 연구하는 학문.
17. 어떤 기준에 맞는 사람이나 물건을 고름.

세로 열쇠

2. 몹시 어리석은 사람을 이르는 말.
3. 봄바람을 이르는 말.
4. 몸이 성하지 못하여 제대로 움직일 수 없는 사람.
7. 종 · 비석 등에 새겨진 글자.
9. 각종 운동을 통하여 건강의 증진 · 유지를 꾀하려는 단체.
11. 바다와 하늘이 맞닿아 보이는 선.
13. 한자로 된 낱말.
15. '종이붙이'를 통틀어 이르는 말.

🍎 보기에서 한자를 골라 쓰세요.

1	2		3		4	
			5			
6		7			8	9
		10		11		
12	13					
			14		15	
16					17	

보기 🐝

半開　身體　紙物　春風　物色　漢字語　八不出　五線紙　水平線　金石文
國漢文　石間水　體育會　牛病身　風土病　入出金　言語學　二八靑春

39

가로 열쇠

1. 사람의 목숨은 하늘에 달려 있다는 말.

4. 오늘날의 시대.

5. 운동을 하거나 뛰놀 수 있게 닦아 놓은 넓은 땅.

6. 예술 작품에서, 겉으로 드러나는 조화·균형·대조·율동 등의 미.

8. 전기가 몸에 통하여 충격을 받는 일.

10. 사람이 씨를 뿌리거나 나무를 심어 만든 숲.

12. 몸무게를 재는 저울.

14. 생물이 나타내는 생명 현상을 연구 대상으로 하는 자연 과학의 한 분야.

16. 높은 금리. 비싼 이자.

17. 예술가가 연습으로 만든 작품.

세로 열쇠

2. 배·비행기 등에 이름을 붙이는 의식.

3. 하늘이 정한 운수.

4. 현장에 있는 것 같은 느낌.

7. 미인을 이용하여 남을 꾀는 계략.

9. 전동기를 설치하여 전력으로 달릴 수 있게 만든 전철용 차량.

11. 산림에서 나는 물품.

13. 무게가 천금과 같다는 뜻으로, 가치가 매우 귀함.

15. 배워서 익힘.

보기에서 한자를 골라 쓰세요.

1	2		3		4	
			5			
6		7			8	9
		10		11		
12	13					
			14		15	
16					17	

보기

感電 現代 習作 學習 天運 林産物 運動場 現場感 重千金 美人計
電動車 高金利 形式美 體重計 人工林 命名式 生物學 人命在天

40

가로 열쇠

1. 풀을 주로 먹는 포유동물.

4. 세력·재산이 있음.

5. 어떤 물질을 이루고 있는 성분 가운데서 가장 주가 되는 것.

6. 나무로 만든 활자.

8. 두서너 해 또는 대여섯 해.

10. 자기 나라의 말.

12. 발음 기관을 통해 말소리를 냄.

13. 밤에 빛을 냄. 또는 그런 물건.

14. 신학을 가르쳐 교역자를 길러내는 것을 목적으로 하는 학교.

16. 몸의 무게. 몸무게.

17. 바다를 지키는 군대.

세로 열쇠

2. 생활 가운데서 먹는 것에 관한 분야.

3. 장사 따위에서 밑천을 대는 사람.

4. 마땅히 지켜야 할 분수가 있음.

6. 아욱과의 한해살이 풀. 씨에 붙은 하얀 솜은 실이나 옷감의 원료로 쓰임.

7. 자음과 모음.

9. 나이가 어린 사람.

11. 어학과 문학.

12. 스스로 빛을 내는 물체.

15. 큰 바다를 이르는 말.

🍎 보기에서 한자를 골라 쓰세요.

1	2		3		4	
			5			
6		7			8	9
		10		11		
	12					
13			14		15	
	16				17	

보기

有力 夜光 數年 大海 物主 木花 體重 發音 海軍 有分數 字母音
神學大 食生活 主成分 母國語 木活字 發光體 年少者 語文學 草食動物

스도쿠 4

5	6	1	7	8		3	9	2
8	7		3	1	2	5	6	4
2	3	4	6	5	9	8		1
6	8	7	4		5	1	3	9
1	4	2		6	3	7		5
	5	3	8	7	1	4	2	6
3	2	8	5	4	6		1	
4		6	1	3	7	2	5	8
7	1			9	8		4	3

DATE:

TIME:

미로 찾기 4

개구리가 친구가 있는 곳으로 가려고 해요. 가는 길을 안내해 주세요.

41

가로열쇠

1. 각각의 사람마다 모두 다름.
4. 아름답지 못하고 추잡함.
5. 감전되어 죽음.
6. 사실의 성질·형상·효용 등을 보고 들은 그대로 적은 글.
8. 개인의 사회적 지위나 계급.
10. 물질의 물리적 성질과 현상·구조 따위를 연구하며 그 사이의 관계 법칙을 밝히는 학문.
12. 방이나 건물의 안.
14. 빛의 줄기.
15. 남의 밑에서 졸개 노릇을 하는 사람.
16. 사회적으로 인정받을 수 있는 신용.

세로열쇠

2. 사람이 살아가면서 겪게 되는 온갖 일들.
3. 색채의 감각. 빛깔에서 받는 느낌.
4. 어떤 곤란을 당해도 기력을 잃지 않는 사람의 비유.
6. 관공서 등에 마련되어 있는 취재 기자들의 대기실.
7. 학문·예술·법률·종교 등 문화에 관한 것을 통틀어 이르는 말.
9. 서로 나누인 두 땅의 경계선.
11. 회사의 업무 집행에 관한 의사를 결정하는 기관.
13. 야구에서, 내야를 맡아 지키는 선수.
14. 광섬유를 이용하여, 영상이나 음성, 각종 데이터 등의 전기 신호를 전송하는 통신 방법.

1	2		3		4	
			5			
6		7			8	9
		10	11			
12	13				14	
15				16		

보기 🐝

光線 文物 不美 身分 室內 色感 感電死 公信力 光通信 記事文
記者室 內野手 物理學 不死身 分界線 理事會 人間事 下手人 各人各色

42

가로 열쇠

1. 꽃 피는 아침과 달 뜨는 저녁. 곧, 경치 좋은 때.

3. 한 집안에서 같이 살며 끼니를 함께 하는 사람.

4. 경기 민요 선소리의 하나. 세마치장단에 맞추어 부르는 삼박자의 흥겨운 노래.

5. 자기의 작품 중에서 마음이 흐뭇하도록 잘된 작품.

7. 세상과 인생을 즐겁게 생각함.

9. 이름난 가수.

11. 농사를 크게 짓는 집.

13. 일을 할 때 입는 옷.

15. 많은 사람과 차가 다니는 큰길.

16. 사용하는 말.

세로 열쇠

1. 성(姓)이 같은 겨레붙이끼리 친목을 도모하기 위하여 모이는 모임이나 잔치.

2. 저녁때의 해.

3. 여러 가지 음식을 먹어 보는 것을 즐거움으로 삼는 일.

6. 사람이나 상점 · 회사 등의 이름을 지어 주는 일을 업으로 삼는 음양가.

8. 물체가 가지고 있는 자연 그대로의 빛깔.

10. 기계를 사용하지 않고 주로 손을 사용해서 생산하는 소규모 공업.

12. 농업용수의 수로.

13. 지난 해.

🍎 보기에서 한자를 골라 쓰세요.

1			2		3	
			4			
5		6			7	8
		9		10		
11	12					
			13		14	
15					16	

보기 🐝

公路　樂天　服用　夕陽　食口　用語　昨年　大農家　農水路　名歌手
手工業　食道樂　陽山道　作名家　作業服　天然色　花樹會　會心作　花朝月夕

43

가로열쇠

1. 우리나라 전체의 강산.

4. 사업이나 영업 등을 얼마 동안 쉼.

5. 물 속에서의 싸움.

6. 여러 지방.

8. 선의 위.

10. 언어의 본질 · 기능 · 상태 · 변화 등을 과학적으로 연구하는 학문.

12. 우리나라의 말과 글로 된 고유의 문학, 또는 그것을 연구하는 학문.

14. 죽지 않고 오래 산다는 열 가지.

16. 무덤 앞에 세우는 푯돌.

17. 겨냥한 곳에 바로 맞음.

세로열쇠

2. 한 나라의 도읍이 되는 곳.

3. 산과 물이라는 뜻으로, 자연의 경치를 이르는 말.

4. 휴전 협정에 따라 이루어진, 남한과 북한의 군사 경계선.

7. 방언에 관하여 연구하는 언어학의 한 분야.

9. 사람의 허리부터 위의 부분.

11. 학교의 교육과 행정을 책임지는 학교의 대표자.

13. 능묘 앞에 세우는 문신 형상의 돌.

14. 10세에서 19세까지의 소년 · 소녀의 시대.

15. 살아 있기 위한 힘의 바탕이 되는 것.

🍎보기에서 한자를 골라 쓰세요.

1	2		3		4	
			5			
6		7			8	9
		10		11		
12	13					
			14		15	
16					17	

보기 🐝

命中 山水 生命 線上 十代 表石 休業 各地方 國文學 都邑地
文人石 方言學 上半身 水中戰 十長生 言語學 學校長 休戰線 八道江山

44

가로 열쇠

1. 산이나 들 또는 강이나 바다에 저절로 나는 식물.

4. 세상에 널리 이름이 알려져 있음. 이름이 높음.

5. 어떤 물질을 이루고 있는 성분 가운데서 가장 주가 되는 것.

6. 전등 · 동력 등에 사용되는 전력을 측정하는 계기.

8. 두서너 해 또는 대여섯 해.

10. 먹는 물이나 공업에 쓰이는 물을 대어 주는 설비.

12. 입학할 때 학교에 내는 돈.

14. 생활이나 행동 또는 목적 따위를 같이 하는 조직체.

16. 많은 책을 모아 두고 여러 사람이 읽을 수 있게 꾸며 놓은 방.

17. 지방 행정 단위인 면의 우두머리.

세로 열쇠

2. 목숨을 이어가려는 힘.

3. 장사 따위에서 밑천을 대는 사람.

4. 마땅히 지켜야 할 분수가 있음.

7. 예산에 넣은 금액.

9. 나이가 어린 사람.

11. 사람마다 닦는 도가 서로 같지 않음.

13. 아동이나 학생의 학습 활동을 돕는 참고 서적.

15. 남을 대하기에 번듯한 얼굴.

🍎보기에서 한자를 골라 쓰세요.

1	2		3		4	
			5			
6		7			8	9
		10		11		
12	13					
			14		15	
16					17	

보기 🐝

面長　物主　數年　有名　體面　計上金　共同體　道不同　圖書室　上水道
生命力　年少者　有分數　入學金　電力計　主成分　學習書　自生植物

45

가로 열쇠

1. 삶과 죽음, 괴로움과 즐거움을 통틀어 이르는 말.

4. 지구상의 큰 육지.

5. 크리스트교의 한 갈래. 가톨릭.

6. 등산을 잘하거나 즐기는 사람.

8. 일정한 구역의 안.

10. 아버지와 아들 사이.

12. 일반 은행의 직무상 최고 책임자.

14. 나무를 심고 길러서 목재를 생산하는 사업.

16. 바닥이 편편한 땅.

17. 어떤 일에 책임자가 되어 행동함.

세로 열쇠

2. 화산의 활동이 완전히 끝난 화산.

3. 세상과 인생을 즐겁게 생각함.

4. 대주교가 다스리는 교구.

7. 가족에 대해서 절대적 권력을 가진 사람.

9. 자기 나라의 사람.

11. 나무를 베어 낸 다음 묘목이 자랄 때까지 농작물을 재배하는 숲.

13. 떠나가는 목적지.

14. 길러 냄. 길러서 키움.

15. 영업에서 발생하는 모든 권한과 책임을 가진 주인.

🍎 보기에서 한자를 골라 쓰세요.

1	2		3		4	
			5			
6		7			8	9
		10		11		
12	13					
			14		15	
16					17	

보기 🐝

區內　樂天　大陸　主動　業主　育成　平地　家父長　間作林　內國人　大敎區
登山家　父子間　死火山　天主敎　育林業　銀行長　行先地　生死苦樂

가로 열쇠

1. 동쪽 물음에 서쪽 답을 한다는 뜻으로, 묻는 말에 당치도 않은 대답을 한다는 말.
3. 들어가는 문.
4. 예식을 하도록 여러 가지 시설을 갖춘 곳.
5. 스승의 집에 드나들며 가르침을 받는 제자.
7. 남에게 수고를 끼쳤거나 물건을 사용·소비·관람한 대가로 치르는 돈.
9. 명령의 내용을 써서 명령을 받는 사람에게 주는 문서.
11. 일기 형식으로 쓴 문체.
13. 가족이 많음.
15. 여자만을 가르치는 학교.
16. 키가 큰 몸.

세로 열쇠

1. 조선 시대의 동쪽 성문.
2. 남에게서 받은 예를 갚는 일.
3. 입장할 때 내는 요금.
6. 목숨이 있는 물체.
8. 종·비석 등에 새겨진 글자.
10. 서화에 능한 사람. 또는 그것을 업으로 하는 사람.
12. 기호의 꼴·내용·쓰임 등을 체계적으로 연구하는 학문.
14. 한 부족의 우두머리.

🍎보기에서 한자를 골라 쓰세요.

1			2		3	
			4			
5		6			7	8
		9		10		
11	12					
			13		14	
15					16	

보기 🐝

答禮 料金 入口 長身 族長 金石文 記號學 大家族 東大門 命令書
門下生 生命體 書畵家 女學校 禮式場 日記體 入場料 東問西答

7	8		5	6	4	1	3	2
1	6	2	7	3	9			5
3	4	5		8	2	7	6	9
2	1	3	6	5	7		4	8
5	9	8	4			6	7	3
4	7		8	9	3	5	2	1
	3	7	9		6	2	5	4
6		1	2	4	8		9	
9	2	4	3	7	5	8	1	6

DATE:

TIME:

미로 찾기 5

빨간 우체통에 편지를 넣을 수 있게 길을 안내해 주세요.

초성 퀴즈 1

가로 열쇠

1. 1980년대부터 국내에서 재배되기 시작한 양배추의 일종으로, 비타민·철분·칼슘 함유량이 높고 항암 효과도 있음.

3. 수분이 적어 딱딱한 빵. 방망이처럼 긴 모양.

5. 마우스를 움직이면 그에 따라 컴퓨터 화면에서 움직이는 위치 표지.

7. 특정 기업의 상품이 타 기업과 구별되기 위해 사용하는 이름이나 상징.

8. 외국을 여행할 때 꼭 소지해야 하는 수첩 모양의 문서.

9. 복사기나 프린터에서 잉크 대신 사용하는 검정색 탄소 가루.

세로 열쇠

1. 의뢰를 받아 일을 대행해주고 돈을 받는 사람.

2. 농구에서 슛한 볼이 골인되지 않고 다시 튕겨 나오는 것.

4. 헬스장에서 운동하는 이들을 훈련시키고 지도해주는 사람.

6. 테니스·탁구·배구에서 공을 상대편 진영으로 때려 넣어 경기를 시작할 수 있는 권리.

¹ ㅂ			² ㄹ		
			³ ㅂ		⁴ ㅌ
⁵ ㅋ	⁶ ㅅ				
	⁷ ㅂ				
⁸ ㅇ				⁹ ㅌ	

초성 퀴즈 2

1. 조선시대의 3대 화가로, 호는 혜원. 풍속화를 많이 그렸다.

4. 넓은 바닷속 작은 좁쌀 하나. 무수히 많은 것 중의 미미한 존재를 비유함.

5. 새벽 동이 틀 때의 빛. 희망의 징조를 말함.

6. 겨울의 부채와 여름의 난로. 시기가 맞지 않아 불필요한 물건.

8. 매우 아름다운 경치.

1. 옛날에 사람을 판단하는 기준으로 꼽은 네 가지로 용모, 언변, 글씨, 판단력.

2. 명령을 그대로 반복하여 말함. 군대에서 많이 하는 것.

3. 아주 짧게 끝나는 권력. 나폴레옹이 엘바 섬을 탈출하여 통치한 짧은 기간.

6. 어떤 대상을 우러러보고 그리워함.

7. 호텔이나 큰 건물에서 사람들이 만나는 넓은 공간. 권력자를 몰래 만나 설득함.

¹ ㅅ		² ㅂ		³ ㅂ	
		⁴ ㅊ			
⁵ ㅅ					
		⁶ ㄷ			⁷ ㄹ
	⁸ ㅈ				

종이접기 1

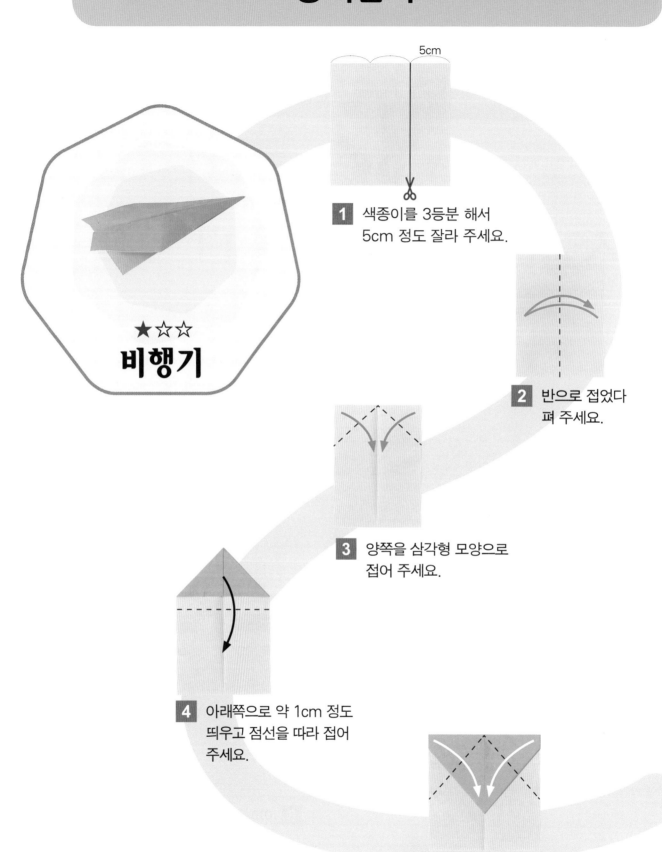

★☆☆
비행기

1 색종이를 3등분 해서 5cm 정도 잘라 주세요.

2 반으로 접었다 펴 주세요.

3 양쪽을 삼각형 모양으로 접어 주세요.

4 아래쪽으로 약 1cm 정도 띄우고 점선을 따라 접어 주세요.

5 양쪽을 삼각형 모양으로 접어 주세요.

비행기

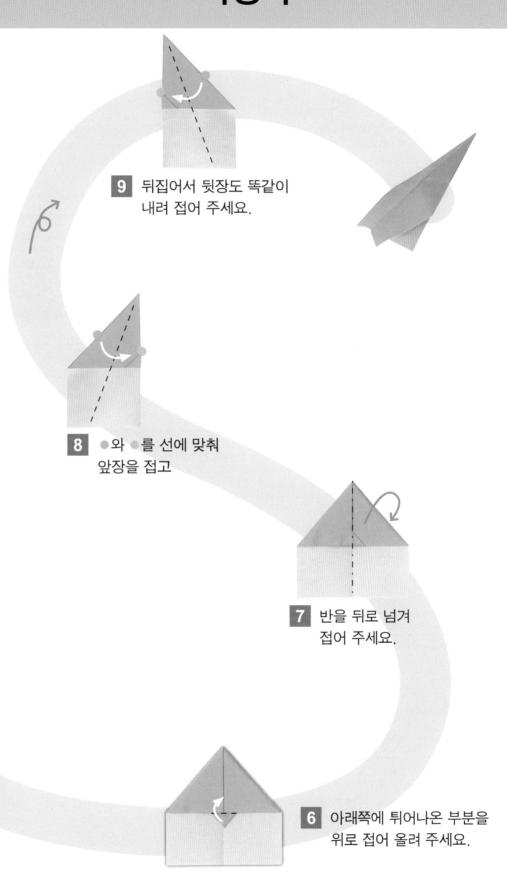

9 뒤집어서 뒷장도 똑같이 내려 접어 주세요.

8 ●와 ●를 선에 맞춰 앞장을 접고

7 반을 뒤로 넘겨 접어 주세요.

6 아래쪽에 튀어나온 부분을 위로 접어 올려 주세요.

종이 접기 2

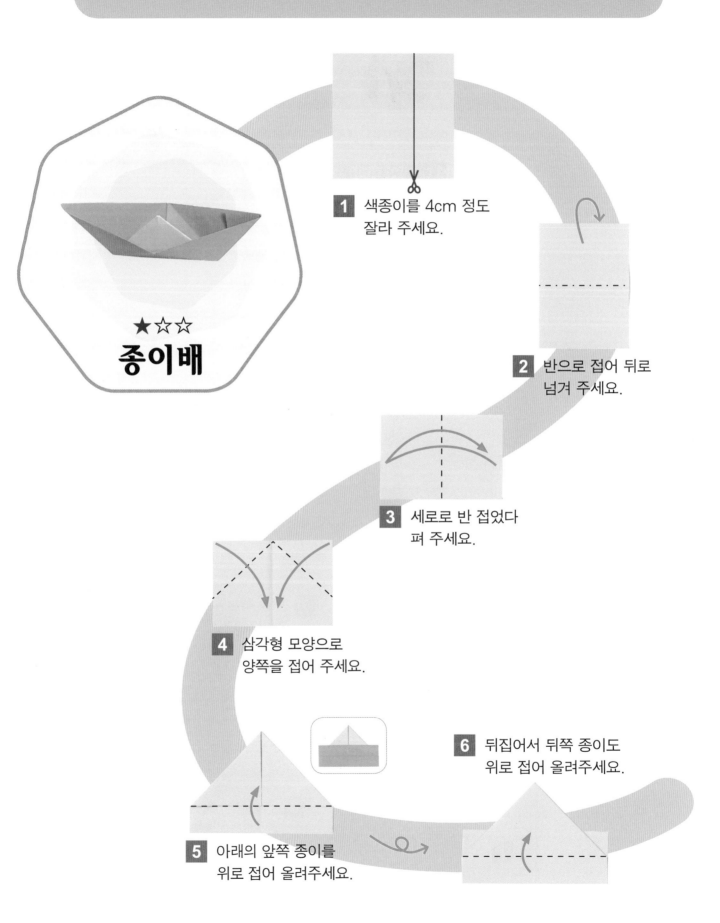

★☆☆
종이배

1 색종이를 4cm 정도 잘라 주세요.

2 반으로 접어 뒤로 넘겨 주세요.

3 세로로 반 접었다 펴 주세요.

4 삼각형 모양으로 양쪽을 접어 주세요.

6 뒤집어서 뒤쪽 종이도 위로 접어 올려주세요.

5 아래의 앞쪽 종이를 위로 접어 올려주세요.

종이배

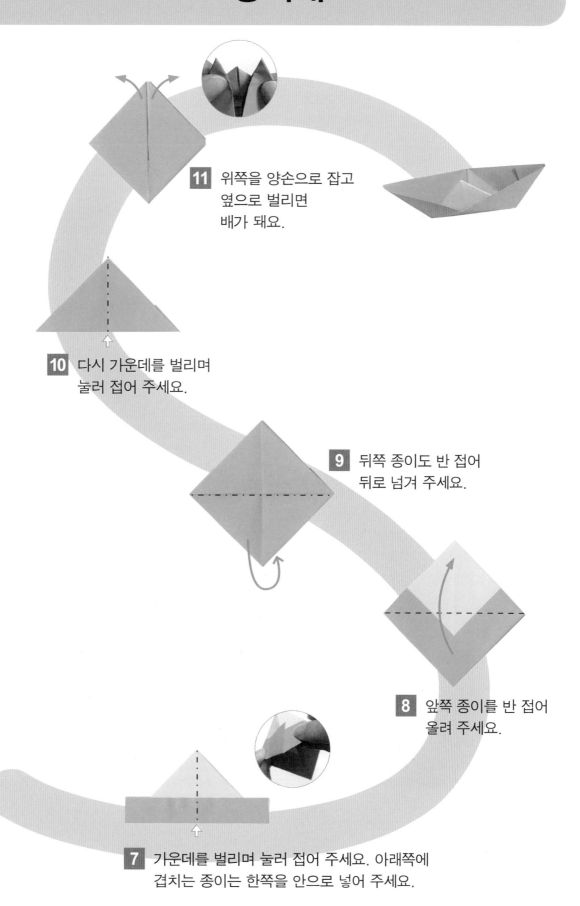

11 위쪽을 양손으로 잡고 옆으로 벌리면 배가 돼요.

10 다시 가운데를 벌리며 눌러 접어 주세요.

9 뒤쪽 종이도 반 접어 뒤로 넘겨 주세요.

8 앞쪽 종이를 반 접어 올려 주세요.

7 가운데를 벌리며 눌러 접어 주세요. 아래쪽에 겹치는 종이는 한쪽을 안으로 넣어 주세요.

8월 공산 空山

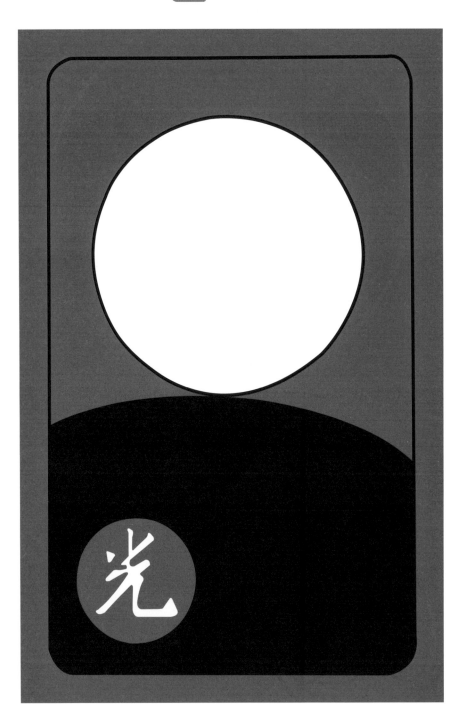

억새에 달 또는 기러기

8월 문양엔 산, 만월, 기러기 3마리가 출연한다. 이는 8월이 '달구경'의 계절인 동시에 기러기가 이동을 시작하는 때이기 때문이다. 아래 검은색은 산이다.

한자 퍼즐

①

¹一	切	唯	²心	造
場			機	
³春	分		一	
夢		⁴逆	轉	勝

一切唯心造(일체유심조): 모든 것은 마음이 만들
　어낸다.
一場春夢(일장춘몽): 인생은 봄날의 꿈처럼 덧없음.
心機一轉(심기일전): 어떤 계기로 마음을 완전히
　바꿈.
春分(춘분): 일년중 밤과 낮의 길이가 같은 봄날.
逆轉勝(역전승): 지고 있다가 뒤집어 이김.

②

¹虛	心	坦	²懷	
張			柔	
聲		³散	策	⁴路
⁵勢	力			邊

虛心坦懷(허심탄회): 속마음을 솔직히 터놓고 얘기함.
虛張聲勢(허장성세): 실속은 갖추지 않고 허세만 부림.
懷柔策(회유책): 강자가 약자나 개인을 적당히 구슬
　려 제시하는 조건.
散策路(산책로): 산책하는 길.
路邊(노변): 길의 가장자리.
勢力(세력): 여러 요소가 모여 힘을 이루는 것.

③

¹無	爲	徒	²食	
汗		³貪	⁴心	
⁵不	世	⁶出		醉
成		⁷演	奏	者

無爲徒食(무위도식): 하는 일 없이 먹고 놀기만 함.
無汗不成(무한불성): 땀흘리지 않으면 어떤 일도 이
　루지 못함.
食貪(식탐): 음식에 대한 욕심.
貪心(탐심): 탐욕스러운 마음.
心醉者(심취자): 어떤 대상에 깊이 빠진 사람.
不世出(불세출): 세상에 좀처럼 나타나지 않을만큼 뛰어남.
出演(출연): 무대나 연단에 나타남.
演奏者(연주자): 악기를 다루어 곡을 표현하는 사람.

④

	¹和	光	²同	塵
³勇	氣		名	
	致		⁴異	議
⁵發	祥		人	

和光同塵(화광동진): 빛을 감추고 티끌과 어울림. 뛰어
　난 능력을 감추고 세속에 묻혀 삶을 의미.
和氣致祥(화기치상): 음양이 화합하여 상서로움을 이룸.
同名異人(동명이인): 이름은 같으나 다른 사람.
勇氣(용기): 씩씩하고 강한 기운.
異議(이의): 다른 의견.
發祥(발상): 큰 의미를 가진 일이 처음 나타남.

⑤

漸入佳境(점입가경): 들어갈수록 점점 더 재미있음. 반어
　적으로 쓰이는 경우가 많음.
民草(민초): 백성을 잡초에 비유한 말.
民俗村(민속촌): 민속 자료를 모아 조성한 마을.
入鄉循俗(입향순속): 그지방에 들어가면 그곳의 관습을 따른다.
村落(촌락): 농촌의 작은 마을.
落下傘(낙하산): 비행기에서 사람이나 짐을 무사히 내리
　도록 만드는 도구.
境界線(경계선): 경계가 되는 선.
線路(선로): 열차가 다니도록 만든 길.

⑥

鑑賞(감상): 작품을 이해하고 즐김.
九尾狐(구미호): 꼬리가 아홉 달린 여우. 교활한
　여자.
狐假虎威(호가호위): 남의 권세를 빌려 위세를 부림.
賞春(상춘): 봄을 구경하고 즐김.
春三月(춘삼월): 봄이 무르익는 음력 3월.
三人成虎(삼인성호): 근거 없는 거짓도 여러 사람
　이 떠들면 사실처럼 믿게 됨.
歲月(세월): 흘러가는 시간.

⑦

水道料金(수도요금): 사용한 수돗물에 대해 지불하는 돈.
水滴穿石(수적천석): 물방울이 바위를 뚫는다. 작지만
　꾸준한 노력이 큰일을 성취한다.
金融(금융): 금전을 융통하는 일.
融資(융자): 자금을 융통함.
資格(자격): 일정한 신분이나 능력을 갖춤.
石油(석유): 땅속에서 나는 가연성 기름.
油價(유가): 석유의 판매 가격.
處分(처분): 처리하여 치움.
價値分析(가치분석): 제품의 기능을 분석하여 원가절
　감을 꾀하는 경영기술.

⑧

有終之美(유종지미): 시작한 일을 잘 마무리함.
有志竟成(유지경성): 뜻이 있으면 결국은 이루어진다.
美人薄命(미인박명): 예쁜 여성은 운명이 불행한 경우
　가 많음.
人權(인권): 사람에게 당연히 주어지는 권리.
成功(성공): 뜻하는 바를 이룸.
功勞(공로): 공적과 노력.
命令(명령): 윗사람이 아랫사람에게 뭔가 하도록 시킴.
勞苦(노고): 수고하는 일.

9

衆寡不敵(중과부적): 우리 편이 적어서 많은 적을 당해낼 수 없음.
衆口難防(중구난방): 여러 사람의 입을 막을 수 없음.
敵愾心(적개심): 적에 대하여 분노하는 마음.
中心街(중심가): 도시에서 중심이 되는 거리.
中央線(중앙선): 자동차 도로에서 가운데 경계로 그은 선.
街路樹(가로수): 도로를 따라 심은 나무.
直線(직선): 두 점 사이를 최단거리로 이은 선.

10

先見之明(선견지명): 장래의 일을 미리 예견하는 식견.
先發制人(선발제인): 남보다 먼저 착수하면 남을 제압할 수 있다.
明記(명기): 확실히 적어둠.
事必歸正(사필귀정): 일은 결국 바른 곳으로 돌아가게 마련이다.
記事(기사): 사실 적은.
制御(제어): 알맞게 조절함.
施行(시행): 어떤 제도의 효력을 실행시킴.
品行方正(품행방정): 품성과 행동이 올바르고 점잖다.

11

15p

12

17p

13

一[1]	長[2]	一	短[3]		禮[4]	物
	時		命[5]	名	式	
人[6]	間	事[7]			場[8]	所[9]
工		後[10]	半	戰[11]		在
林[12]	野[13]			功		地
	生[14]	動	感[15]		表[16]	
雪[17]	花		電[18]	光	石	火

19p

14

自[1]	手	成	家[2]		高[3]	溫
動			出[4]	入	金	
門[5]	下	生[6]			利[7]	子[8]
		活[9]	火	山[10]		正
民[11]	生[12]	苦		水		水
	命		圖[13]	畫	紙[14]	
農[15]	水	路			面[16]	會

21p

15

三[1]	十[2]	六	計[3]		半[4]	白
	長		數[5]	百	萬	
出[6]	生	地[7]			年[8]	老[9]
現		下[10]	級	生[11]		弱
	國[12]	道		命		者
所[13]	有		用[14]	水	路[15]	
	地[16]	球			面[17]	紙

23p

16

人[1]	事	不[2]	省		合[3]
心		孝	農[4]	作	物
	電[5]	子	音[6]	樂	
	氣		速	韓[7]	方
木[8]	工	所[9]		禮[10]	服
活		在[11]	來	式	海[12]
字		地	場[13]	內	外

25p

17

¹綠	²水	青	³山		⁴天	運
	平		⁵行	先	地	
⁶五	線	⁷紙			⁸人	⁹工
大		¹⁰面	¹¹會	室		事
¹²洋	¹³藥		心		¹⁴登	場
	理		¹⁵作	¹⁶別		
¹⁷入	學	金		¹⁸食	道	樂

27p

18

¹民	族	正	²氣		³定	理
生			⁴力	不	足	
⁵苦	生	⁶門			⁷數	學
		⁸下	水	⁹道		
¹⁰新	¹¹入	生		¹²不	戰	¹³勝
	學		¹⁴會	同		利
¹⁵高	金	利			¹⁶色	感

29p

19

¹特	用	作	²物		³不	幸
定			⁴主	人	公	
⁵人	文	⁶學			⁷平	⁸野
		⁹校	正	紙		生
¹⁰銀	¹¹行	長			¹²木	花
	不		¹³電	氣	工	
¹⁴信	者		話		¹⁵所	有

31p

20

¹同	時	多	²發		³主	動
夫			⁴光	合	成	
⁵人	文	⁶學			⁷分	⁸別
		學	¹⁰戰			天
¹¹小	題	目		死		地
市			¹²記	者	¹³室	
¹⁴民	間	人			¹⁵內	面

33p

21

¹百	²發	百	³中		⁴休	紙
	光		⁵心	理	戰	
⁶育	體	⁷美			⁸線	⁹上
		¹⁰食	生	¹¹活		八
¹²大	¹³農	家		火		字
	夫		¹⁴陽	山	¹⁵道	
¹⁶軍	歌		地		¹⁷術	數

37p

22

¹家	庭	教	²育		³書	堂
父			⁴成	⁵年	式	
⁶長	⁷時	間		少		⁸失
	事		⁹弱	者	¹⁰先	手
¹¹生	物	¹²學			金	
活		¹³校	外	¹⁴生		¹⁵形
力		長		¹⁶命	名	式

39p

23

¹男	²女	有	³別		⁴不	和
	歌		⁵表	⁶現	美	
⁷下	手	⁸人		金		⁹海
半		¹⁰工	¹¹事		¹²祖	上
¹³身	¹⁴分		¹⁵後	¹⁶三	國	
	¹⁷別	堂		角		¹⁸特
¹⁹風	力		²⁰形	形	色	色

41p

24

¹野	²生	動	³物		⁴不	利
	命		⁵體	溫	計	
⁶立	體	⁷感			⁸勝	⁹共
		¹⁰光	合	¹¹成		和
¹²圖	畫	紙		年		國
書			¹³禮	式	¹⁴場	
¹⁵室	內	樂			¹⁶外	出

43p

25

[1]公	[2]有	水	[3]面		[4]農	樂
	事		[5]會	心	作	
[6]短	時	[7]日			[8]物	[9]主
信		[10]氣	合	[11]術		題
	[12]地	圖		[13]數	[14]表	
[15]目	下		[16]大		[17]現	在
	[18]水	口	門		力	

45p

26

[1]大	[2]韓	民	[3]國		[4]主	力
	醫		[5]立	會	人	
[6]神	學	[7]大			[8]公	[9]金
		[10]食	道	樂		石
[11]登	[12]山	家			[13]漢	文
	水		[14]木	活	字	
[15]圖	畫	紙			[16]語	學

47p

27

[1]百	[2]年	大	[3]計		[4]千	古
	少		[5]數	百	萬	
[6]記	者	[7]室			[8]番	[9]地
事		[10]內	[11]野	手		球
[12]文	[13]集		球		[14]農	村
	大		[15]場	[16]所		
[17]主	成	分		[18]重	工	業

49p

28

[1]男	[2]女	老	[3]少		[4]野	山
	社		[5]女	先	生	
[6]十	長	[7]生			[8]花	草
		[9]動	植	[10]物		
[11]不	[12]安	感		[13]主	[14]人	公
	樂		[15]同		工	
[16]九	死	一	生		[17]美	人

51p

29

清¹	風²	明	月³		孝⁴	道
	力		光⁵	電	子	
不⁶	計	勝⁷			門⁸	中⁹
公		利¹⁰	用¹¹	度		學
平¹²	民¹³		水		休¹⁴	校
	間		路¹⁵	面¹⁶		
主¹⁷	人	公		長¹⁸	時	間

53p

30

不¹	遠²	千	里³		人⁴	和
	心		長⁵	時	間	
電⁶	力	計⁷			事⁸	理⁹
氣		數¹⁰	百¹¹	萬		事
工¹²	高¹³		年		集¹⁴	會
	金		草¹⁵	家¹⁶		
先¹⁷	利	子		出¹⁸	發	線

55p

31

家¹	內²	工	業³		集⁴	中
	野		體⁵	重⁶	計	
下⁷	手	人⁸		千		漢⁹
校		間		金¹⁰	文	字
	時¹¹	事	物¹²			語
	空		理¹³	事	會¹⁴	
區¹⁵	間		學		同¹⁶	感

59p

32

父¹	母²	兄	弟³		五⁴	感
	國		子⁵	午	線	
言⁶	語	學⁷			紙⁸	物
明		校⁹	外	生¹⁰		
	市¹¹	長		死¹²	火¹³	山
共¹⁴	有		氣¹⁵		藥	
地¹⁶	方	色		庫¹⁷	房	

61p

33

¹安	²心	立	³命		⁴電	球
	電		⁵中	⁶古	車	
⁷製	圖	⁸工		文		⁹出
本		事		¹⁰書	畫	家
	¹¹現	場	¹²感			用
¹³交	代		¹⁴動	物	¹⁵學	
	¹⁶人	氣			¹⁷校	旗

63p

34

¹青	²天	白	³日		⁴文	身
	然		⁵記	號	學	
⁶三	色	⁷旗			⁸家	⁹出
角		¹⁰手	¹¹不	足		世
¹²形	¹³體		自		¹⁴合	作
	溫		由		成	
¹⁵不	計	勝		¹⁶言	語	學

65p

35

¹白	²面	書	³生		⁴注	意
	主		⁵食	用	油	
⁶成	人	⁷病			⁸所	⁹重
		¹⁰弱	小	¹¹國		工
¹²科	¹³學	者		漢		業
	習		¹⁴金	文	¹⁵字	
¹⁶白	紙	化			¹⁷數	學

67p

36

¹世	²上	萬	³事		⁴多	少
	水		⁵前	後	方	
⁶天	道	⁷教			⁸面	⁹會
		¹⁰科	學	¹¹戰		心
¹²公	¹³文	書		死		作
	人		¹⁴記	者	¹⁵室	
¹⁶表	石		入		¹⁷內	服

69p

37

天	下	第	一		反	省
	水		生	動	感	
天	道	教		物		種
運		育	學	科	目	
	大	家	族		別	
代	理		大	多	數	
	石		父		萬	全

71p

38

二	八	青	春		半	開
	不		風	土	病	
入	出	金			身	體
		石	間	水		育
國	漢	文		平		會
	字		五	線	紙	
言	語	學			物	色

73p

39

人	命	在	天		現	代
	名		運	動	場	
形	式	美			感	電
		人	工	林		動
體	重	計		產		車
	千		生	物	學	
高	金	利			習	作

75p

40

草	食	動	物		有	力
	生		主	成	分	
木	活	字			數	年
花		母	國	語		少
	發	音		文		者
夜	光		神	學	大	
	體	重			海	軍

77p

41

[1]各	[2]人	各	[3]色		[4]不	美
	間		[5]感	電	死	
[6]記	事	[7]文			[8]身	[9]分
者		[10]物	[11]理	學		界
[12]室	[13]內		事		[14]光	線
	野		會		通	
[15]下	手	人		[16]公	信	力

81p

42

[1]花	朝	月	[2]夕		[3]食	口
樹			[4]陽	山	道	
[5]會	心	[6]作			[7]樂	[8]天
		[9]名	歌	[10]手		然
[11]大	[12]農	家		工		色
	水		[13]作	業	[14]服	
[15]公	路		年		[16]用	語

83p

43

[1]八	[2]道	江	[3]山		[4]休	業
	邑		[5]水	中	戰	
[6]各	地	[7]方			[8]線	[9]上
		[10]言	語	[11]學		半
[12]國	[13]文	學		校		身
	人		[14]十	長	[15]生	
[16]表	石		代		[17]命	中

85p

44

[1]自	[2]生	植	[3]物		[4]有	名
	命		[5]主	成	分	
[6]電	力	[7]計			[8]數	[9]年
		[10]上	水	[11]道		少
[12]入	[13]學	金		不		者
	習		[14]共	同	[15]體	
[16]圖	書	室			[17]面	長

87p

45

¹生	²死	苦	³樂		⁴大	陸
	火	⁵天	主	教		
⁶登	山	⁷家			⁸區	⁹內
		¹⁰父	子	¹¹間		國
¹²銀	¹³行	長		作		人
	先		¹⁴育	林	¹⁵業	
¹⁶平	地		成		¹⁷主	動

89p

46

¹東	問	西	²答		³入	口
大		⁴禮	式	場		
⁵門	下	⁶生			⁷料	⁸金
		⁹命	令	¹⁰書		石
¹¹日	¹²記	體		畫		文
	號		¹³大	家	¹⁴族	
¹⁵女	學	校			¹⁶長	身

91p

초성 퀴즈 1

¹브	로	콜	²리	
로		³바	게	⁴트
⁵커	⁶서		운	레
	⁷브	랜	드	이
⁸여	권		⁹토	너

95p

초성 퀴즈 2

¹신	윤	²복		³백	
언		⁴창	해	일	속
⁵서	광			천	
판		⁶동	선	하	⁷로
	⁸절	경			비

97p

117

스도쿠 ①

12p

2	5	6	9	4	3	7	8	1
3	8	4	7	1	5	2	6	9
9	1	7	8	2	6	3	4	5
5	6	1	3	8	7	9	2	4
4	2	8	1	5	9	6	7	3
7	3	9	2	6	4	5	1	8
6	4	2	5	3	8	1	9	7
1	9	5	4	7	2	8	3	6
8	7	3	6	9	1	4	5	2

②

34p

5	2	4	8	6	1	9	7	3
3	9	1	2	7	5	6	4	8
7	6	8	4	3	9	2	5	1
6	4	9	3	8	7	1	2	5
2	3	5	1	9	6	4	8	7
8	1	7	5	4	2	3	6	9
4	5	2	7	1	3	8	9	6
9	8	3	6	5	4	7	1	2
1	7	6	9	2	8	5	3	4

③

56p

7	2	8	9	1	4	6	3	5
9	4	5	2	3	6	8	7	1
3	6	1	8	7	5	2	4	9
6	7	9	4	5	2	1	8	3
4	1	3	7	9	8	5	2	6
8	5	2	3	6	1	7	9	4
5	8	7	6	4	3	9	1	2
1	9	4	5	2	7	3	6	8
2	3	6	1	8	9	4	5	7

④

78p

5	6	1	7	8	4	3	9	2
8	7	9	3	1	2	5	6	4
2	3	4	6	5	9	8	7	1
6	8	7	4	2	5	1	3	9
1	4	2	9	6	3	7	8	5
9	5	3	8	7	1	4	2	6
3	2	8	5	4	6	9	1	7
4	9	6	1	3	7	2	5	8
7	1	5	2	9	8	6	4	3

5

7	8	9	5	6	4	1	3	2
1	6	2	7	3	9	4	8	5
3	4	5	1	8	2	7	6	9
2	1	3	6	5	7	9	4	8
5	9	8	4	2	1	6	7	3
4	7	6	8	9	3	5	2	1
8	3	7	9	1	6	2	5	4
6	5	1	2	4	8	3	9	7
9	2	4	3	7	5	8	1	6

92p

미로 찾기

1

13p

2

35p

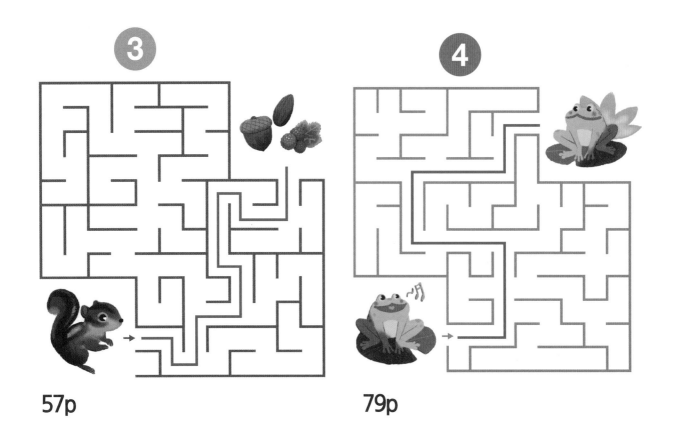

③ 57p

④ 79p

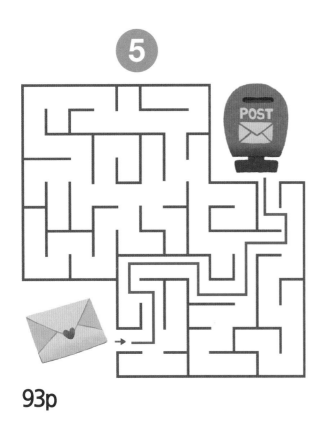

⑤ 93p

엮은이 **김진남**
한자를 쉽게 배울 수 있도록 한자십자퍼즐을 직접 창안하였다.

주요저서
《사자성어 활용사전》,《어부지리 한자》,《일거양득 한자》,《일사천리 한자》,《다다익선 한자》,
《한자 100배 즐기기》,《재미있는 한자퍼즐》,《교과서 한자 따라쓰기》,《한자능력 검정 시험》

어른을 위한
한자퍼즐 ②

초판 1쇄 인쇄 | 2024년 9월 13일
초판 1쇄 발행 | 2024년 9월 20일
엮은이 | 김진남
디자인 | 윤영화
제작 | 선경프린테크
펴낸곳 | Vitamin Book 헬스케어
펴낸이 | 박영진
등록 | 제318-2004-00072호
주소 | 07250 서울특별시 영등포구 영등포로 37길 18 리첸스타2차 206호
전화 | 02) 2677-1064
팩스 | 02) 2677-1026
이메일 | vitaminbooks@naver.com

ISBN 979-11-94124-02-3 (13690)

뇌 훈련·간병 예방에 도움되는

쉬운 색칠 그림

색칠하기 쉬운! 심플한 그림!

1 봄·여름 꽃 편
   마음에 드는 그림을 골라 색칠을 해 보세요.

2 가을·겨울 꽃 편
   색칠을 하면 그대로 그림엽서가 되고 짧은 글도 적을 수 있어요.

3 야채 편
   야채의 특징과 효능, 읽을거리 등 해설과 사진을 첨부하여 더욱 즐겁게 색칠할 수 있어요.

4 봄에서 여름을 수놓는 꽃 편
   봄·여름 개화 순서로 나열되어 있어서 처음부터 색칠해도 좋아요.

5 과일 편
   견본을 보고 똑같이 색칠하는 작업은 뇌가 활성화된다고 해요. 견본을 보면서 색칠해 보세요~

화투는 1월부터 12월까지 1년 열두 달에 해당하는 그림이 각각 4장씩 48장으로 구성되어 있는데 이 책에서는 여러 가지 색상으로 칠할 수 있는 그림을 골라 실었습니다.

1월 송학松鶴, 2월 매조梅鳥, 3월 벚꽃, 4월 흑싸리, 5월 난초蘭草, 6월 모란, 7월 홍싸리, 8월 공산空山, 9월 국진, 10월 단풍, 11월 오동, 12월 비 등

쉽고 간단한 접기를 시작으로, 어렸을 때 한번쯤 접어보았음직한 것들을 위주로 구성.

너무 어려운 것은 제외하고 간단한 접기에서부터 중간 단계의 것을 모아, 접는 방법을 자세히 설명.
헷갈리기 쉽고 어려운 부분은 사진으로 한번 더 설명했으니 서두르지 말고 설명에 따라 정확하게 접어 보세요.

이 책의 특징

화투 그림의 의미
1월부터 12월까지 월별로 각 그림에 담긴 의미를 자세히 설명.

화투 그림 색칠 순서
처음부터 색칠해도 좋고 마음에 드는 그림을 골라 색칠해도 좋습니다.

화투 스티커 붙이기
화투 그림의 전체 모양을 생각하며, 각 스티커의 모양과 색깔을 유추해내고 순서에 맞게 붙입니다.

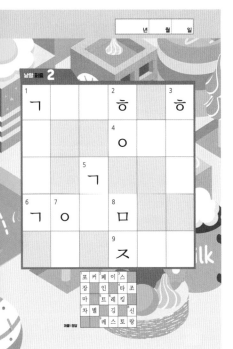

어르신 레크레이션 북 시리즈

❤계속 출간됩니다~

쉬운 색칠 그림 ① 봄·여름 꽃 편
시노하라 키쿠노리 감수 | 68쪽 | 12,000원

쉬운 색칠 그림 ② 가을·겨울 꽃 편
시노하라 키쿠노리 감수 | 68쪽 | 12,000원

쉬운 색칠 그림 ③ 과일 편
시노하라 키쿠노리 감수 | 68쪽 | 12,000원

쉬운 색칠 그림 ④ 봄에서 여름을 수놓는 꽃 편
시노하라 키쿠노리 감수 | 68쪽 | 12,000원

쉬운 색칠 그림 ⑤ 야채 편
시노하라 키쿠노리 감수 | 68쪽 | 12,000원

쉬운 색칠 그림 ⑥ 화투 편
건강 100세 연구원 지음 | 72쪽 | 12,000원

쉬운 종이접기
건강 100세 연구원 지음 | 94쪽 | 12,000원

어른을 위한 스도쿠 초급 편, 중급 편
건강 100세 연구원 지음 | 84쪽 | 각 권 12,000원

어른을 위한 미로 찾기
건강 100세 연구원 지음 | 100쪽 | 14,000원

어른을 위한 낱말 퍼즐 ① ②
건강 100세 연구원 지음 | 116쪽 | 각 권 14,000원

어른을 위한 초성 퀴즈
건강 100세 연구원 지음 | 144쪽 | 15,000원

어른을 위한 한자 퍼즐 ① ②
김진남 엮음 | 128쪽 | 각 권 15,000원

어른을 위한 숨은 그림 찾기 출간 예정

어른을 위한 다른 그림 찾기 출간 예정

비타민북은 독자 여러분의 투고를 기다립니다.